小学校国語科

〈問い〉づくりと読みの交流の学習デザイン

物語を主体的に読む力を育てる理論と実践

松本　修・西田太郎　著

明治図書

は じ め に

　平成31年3月29日文部科学省通知の「小学校，中学校，高等学校及び特別支援学校等における児童生徒の学習評価及び指導要録の改善等について」では，評価の観点が，「知識・技能」「思考・判断・表現」「主体的に学習に取り組む態度」とされました。この「主体的に学習に取り組む態度」は，学習指導要領における「学びに向かう力・人間性等」に対応するものですし，学校教育法でも，学力は「基礎的な知識及び技能を習得させるとともに，これらを活用して課題を解決するために必要な思考力，判断力，表現力その他の能力をはぐくみ，主体的に学習に取り組む態度を養うこと」と表現されているのですから，仕方がないのかもしれませんが，それでも違和感は残ります。学校教育法における「態度を養う」ことと「態度」そのものは違うし，そもそもの「学びに向かう力・人間性」には，もっと自ら学びをデザインするとか，自らの学びをモニターするとか，学習の過程を自らマネジメントするとか，そういうニュアンスがあったものがかき消されてしまう印象が残ります。

　通知では，知識・技能や思考力・判断力等を身に付ける学習において「粘り強い取組の中で，自らの学習を調整しようとしているかどうか」をポイントに挙げています。そして，この観点の評価は，これだけ独立して行われるのではなく，「粘り強い取組」「自らの学習を調整」の2つの点を含めることとしています。「自らの学習を調整」の概念は，「主体的に学習に取り組む態度」の評価方法および評価場面などを具体化する際のための鍵になるはずです。「自己調整」の内容としてよく指摘されるのが，次の3つです。

①学習の計画段階で，目当てを考えたり，学習の見通し（方略）を考えたりする
②学習の進行場面で，自らの学習自体をモニターし調整する
③学習の結果としての目標の達成状況を自己評価する

しかし，現状でも，形式的に授業の目当てを考えさせる場面が設定されたり，これまた形式的に学習の振り返りと成果の確認が行われたりしている実態があります。それが評価に直結するようなことになると，学習の空洞化を促すのではないかとおそれます。

　「読みの交流」という学習は，それを促す〈問い〉が大きな意味をもっています。そのことに即して問いの要件，〈問い〉づくりの研究が進められてきたわけですが，この本は，学習者自身が〈問い〉のもつ意味を自覚しつつ，〈問い〉づくりそのものも協同的な学習として成立させようという意図をもっています。

　これは，まさに「読みの交流」を自己調整のプロセスとして見ることにつながり，考えてみると，先の3つの内容を含んでいるものです。

　読みの交流の学習は，個の読みの見直しと他者の読みの理解を同時に達成することで成立します。そのことの評価は，○×式の知識確認テストでは行えるものでなく，「わたしは『ごんぎつね』をどう読んだか書けている」というような批評的達成で行うしかないとしてきました。しかし，同時にその学習の過程は自己調整を含む「学びの主体性」を評価できるプロセスになっています。何回挙手をしたとか，何回発言したとかいう外形的・形式的なものではない，本当の評価ができる学習としてデザインされているものです。第3章に見る実践編での学習者の学びの実態は，そのことをよく示しているはずです。

　〈問い〉づくりによる読みの交流の学習は，いわゆるオーセンティックな学習（実の場における学習）を成立させることで，まさに主体的な学びを実現するものだと確信します。

　2020年1月

松本　修

目　次

第1章　読みの学習における〈問い〉と読みの交流

第2章　〈問い〉づくりと交流のある読みの学習

〈問い〉づくりのねらい

交流のねらい

第3章 〈問い〉づくりと読みの交流の学習デザイン

単元の流れと全時間の指導のポイント

定番教材の実践例

読みの学習における〈問い〉と読みの交流

1 読みの学習と子どもの主体性

「主体的・対話的で深い学び」が，新しいものであるかのように学校教育の現場に求められていることの意味は，学習を改めて子どもの側から語ることが要請されているというところにある。しかし，学習というものは，そもそも主体的なものであり，対話的なものであり，深さをもったものではなかったのか。「主体的でない学び」というような表現はそれ自体自己撞着的な表現である。「浅い学び」も同様であろう。かろうじて「対話的でない学び」は可能でありそうだが，対話の対象に自分自身や学習材を想定した場合，これも矛盾に陥る。読みの学習は，学習である限り，子どもの主体性を不可欠なものとして含んでいる。

しかし，「主体的・対話的で深い学び」が，ことさらに学習指導要領の表看板となったのは，そもそも学習が成立していない現実があり，たとえばPISAの成績が良くないというような形で学習成果の不振があるからである。そこには，学習というものの本質を捉え損ねている教師，教室の現実がある。たとえば，国語科の授業において，ただ教科書の本文を繰り返し音読し，漢字ドリルをやって，教科書の手引きやいわゆる赤刷りの教科書の書き込みについて，一問一答で答えさせ，添削をするような形骸化した学習があるというのが現実である。

「読解」と言わず，「読み」という用語が用いられるようになってきたのも，「書かれていることの意味を読み取って，正しい答えがある問いに，その正解を答える」というような学習観が，学習を矮小化してしまうことの問題性が意識されてきたからであり，読む行為の主体性・対話的性格・深さの全体性を表すのに，「読み」という用語の方が適しているからである。「読みの学習」という言葉は，すでに子どもの主体性を含んでいる表現として使われるようになってきた。

私は大学を出てから13年あまり，高等学校の国語科の教員をしていたが，グループ学習をやったり，まったくの白紙に自分なりの書き方で文章構造図を書かせたり，小説の本文を縮小印刷して余白を多めにしたＡ３やＢ３の紙にひたすら書き込みをさせたりしていた。そして，文学の読みはそもそも自由なものであるという立場から，自分なりの読みを他者に対して理解可能なものとして表現するという「批評」を学習者が体験していくことを重視していた。いわゆる大学入試のような試験問題は，出題者が想定している読みを示せばいいわけだか

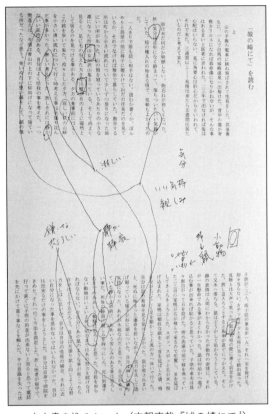

本文書き込みシート（志賀直哉『城の崎にて』）

ら，他者の批評を聞いて理解することを繰り返せば対応できるので，批評とその交流を行っていれば，受験学力も付く。

　生徒は，私の朗読を本文を見ながら聞いたあと，「何でもいいから気付いたこと」をメモ書き風にたくさん書き出す。それを私がグルーピングして，プリントにして提示し，自分なりの追究テーマをその中から決めて，余白の多い一枚物の本文シートにひたすら書き込みをしながら分析し，そこから分かったことをまとめる。それを互いに聞きながら，入り口をどのようなテーマに求めても，それなりに作品の読みに結びついて，批評が成立していくことを体験していく。

たとえば，志賀直哉の「城の崎にて」を学習したときには，気付いたこととして，次のような「気付いたこと」のグループができた。（この時は学習を個別化するために，黙読を出発点とした。）

・小動物がいくつも登場する
・「静か」とか「寂しい」とかいう言葉がくり返される
・出来事の時間
・「桑の葉のひらひら」は何を意味しているか
・「死」というものに主人公が関与している

　生徒が書いた「気付いたこと」は全部とにかくプリントにのせる。時には，他のクラスの生徒が気付いたことも混ぜ込んで，重要なポイントは網羅する。この中から生徒は追究テーマを決めて，徹底的な書き込みをして，本文の分析をする。他の資料は見ないで，本文だけから自分なりの読みを導いていくわけである。
　「小動物がいくつも登場する」からは，蜂の死骸を見ることから，いたずらによって瀕死の状態のねずみの動騒を見ること，いもりに石を投げたら狙ったわけでもないのに当たって死んでしまうという流れに，語り手・主人公の「自分」の関与が強まっていくことが明らかになる。なぜこの順序でなければならないのかを説明すると「批評」になっていく。生徒によっては，いもりのところでやもりは好きだとか，好き嫌いにこだわっている理由に着目し，その理由を考える者もいる。
　「『静か』とか『寂しい』とかいう言葉がくり返される」からは，「寂しい」ことが「静かないい気分」と結びつく形で前半では出てくるが，しだいに，「死後の静寂」は親しみがあるが，それにいたる動騒は恐ろしいとか，後半になると，嫌なものとして出てくるというような分析が出される。また，「出来事の時間」からは，時間が朝から夜に向かって配置されていることが見出される。

こうして出てきたことを発表してもらい，互いに聞き合い，話し合うことで，緊密に構成された叙述が，なんとなくいい気分にひたっていた「自分」が，けがが治っていく過程で暗い嫌な気分に支配されていくということを描き出しているというようなより全体的な「深い」読みにつながっていく。「城の崎にて」の授業は，教員３年目に，この教材初めての授業を行ったが，全員の批評を読んでもらった一人の生徒に，「私たちは『城の崎にて』をこう読んだ」という文章にまとめてもらい，それに私がコメントする形で共著論文にして発表した。[*1]

　このやり方は，小学校でも可能である。

　あまんきみこ「白いぼうし」なら，おそらく，「色の表現がたくさん出てくる」「少女は何ものか？を考えさせる表現がある」「夏みかんの役割は？」というような気付きがあるはずである。それぞれの気付きを本文の精細な分析によって考え，考えたことを発表して交流する。そこでは小学生なりの「批評」が成立し，交流と共有がなされていくことだろう。色彩や匂いなどの感覚表現によって，読み手のイメージ形成がなされていること，それは明るくさわやかなイメージになっていること，少女がちょうの化身と考えた方が，全体を破綻なく理解できること，夏みかんが松井さんの人物像に関わるとともに，物語を動かす重要なモチーフになっていること，などというような理解が生まれてくるはずである。そしてそれは，十分に「主体的」な学習であろう。

　一般に，「主体的な学習」は，学習課題そのものが学習者の主体的選択によっており，学習者が意欲をもって取り組めるものになっていることが重要であるとされる。ここで示したようなデザインなら，追究する学習課題は，学習者側の気付きに出発し，主体的な選択によって課題を決めて分析するわけだから，そもそも主体的にはなっている。批評の交流には，対話的であるということが加わるわけだが，そこが主体的になるかどうかは，交流後にさらに批評を深化させて書き直していくという課題の意味が理解されている場合であろう。

2 読みの学習と読みの交流

　読むという行為は，本質的・本来的に他者との対話・交流を前提とした行為である。と言ってしまうと，読みの学習が交流を前提としていることに説明などいらないということになる。しかし，特に，文学を読むということは，そういう性質をもっている。

　ハイデッガー流に言えば，日常会話のようなものが楽しみであるのは，本質的な意味での「現存在」の「頽落（たいらく）」としてあるわけであるが，私たちは，当然それを何か頽廃したものとも怠堕とも普段は思っていない。しかし，ただの「おしゃべり」は忘れ去られてしまうものであり，心の底で感じ入ったり，人間関係を変えるような重大な意味はもたない。かといって普通の人間が日常的に哲学的思索をするわけではないから，その代わりに大森荘蔵がすすめるのが，「小説，物語り」である。*2

　考えてみれば，映画やテレビドラマを見ても，その場にいる誰かと何か話したくなるものであり，むしろ，それによっていろいろな見方を知ることになるし，自分なりの見方を知ってもらいたいと思うわけである。しかし，それらは「映像」を伴っているため，過去の記憶や他者のイメージを「言語的に」想起するのとはわけが違う。そもそも，言葉の「意味」は言葉の網の目の中にその位置をもっているが，その網の目はある程度他者と共有していなければ，それこそ意味をなさないわけであるし，自分の言葉を他者に伝える行為は，自分の言葉が他者と共有されるものかどうかという疑いを飛び越える跳躍になっている。文学に自分なりの解釈や批評を成立させていく「読み」の行為は，そもそもその「読み」が他者にも理解可能かどうかという問題を抱えているのであり，その「読み」は他者に伝えられ，何らかの反応（「違う」とか，「似ている」とか，「面白い」とか）を引き出して初めて成立するわけである。ひとり読みという行為は，内なる他者との会話を行うこと

で成立するということにもなる。

　上のような理解を前提として，かつて私は次のように述べた。[*3]

> 　文学テクストを読むことは，原理的に自己の存在を意味づけ，世界を意味づけていく行為そのものなのであり，その経験が，やがて文学テクストを離れた言語実践においても重要な意味を果たすことになる。文学の読みの実践的意義はここにある。

> 　そして，他者が自己や関係に前提されていることに鑑みれば，文学の読みは意味づける行為に終わってはならないのであり，本質的に伝える行為に結びついているものである。文学の読みの交流の実践的意義はここにある。

　文学を読むことの教育的意義もここにある。そしてそもそも，意味づける行為も，伝える行為なしには成立しないだろう。

　私が「読みの交流」の研究を本格化させたのは，1998年頃であるが，きっかけとなったのは，学会での大学教員による中学校での飛び込み授業を参観した経験である。黒井千次の「子供のいる駅」という短編（当時教科書教材）を教材にして，ある問いを検討し，グループで互いの考えを交流するという授業であった。

　話し合いによる交流を楽しみにしていたのだが，飛び込みだから仕方がない面もあり，生徒は何のために交流するかという目的意識がそもそもなかったのかもしれない。実際の「交流」は，私のそばの4人グループではものの3分もたたないうちに終わってしまった。それぞれが自分なりの答えを順に発表し，「同じですね。」で終了するという，答え合わせのような感覚である。私は思わず，そのグループに介入し，「本当に同じなのか？」とたずねたが，「同じです。」と答えて，それ以上話し合いをしようとはしなかった。

　考えてみれば，答えを導くのに自分で着目した表現をきちんと引用し，それをどう読んだかという分析を述べ，読みを提示するということがなされて

いないので，いわば根拠も理由付けも欠いた形で話し合いがなされている。外形的な「答え」が一致すれば，それは同じだという判断になるのであろう。これではいけないということで，きちんとした「読みの交流」を実現するための学習デザインを考え，それを授業として実践するということを始めた。

　根拠，理由付けを含んだ自分の考えを書くとともに，交流するときに，他の人の考えを書き込んだり，そこに自分なりの疑問や考えを書く欄を作った交流用のワークシートを作ったり，逆に他の人からの疑問や意見を記録し，考えを書くようなシートを作ったりして授業を行った。最初は中学校で芥川龍之介の「トロッコ」，次いで太宰治の「走れメロス」の授業を時間をかけて実施し，話し合いプロトコルを徹底的に起こし，話し合いによる交流の中で，読みの深まりが認められることを実証していった。

　たとえば，「走れメロス」の授業では，表現主体が多様に理解できる「描出表現」を問いに設定し，「走れ！　メロス。」と，「塔楼は，夕日を受けてきらきら光っている。」という二カ所の表現をとらえて，それぞれ自分の考えを書かせる。「根拠」と「根拠の説明」も合わせて書かせる。これを４人グループで交流させる。ワークシートの内容は次のようになっている。

1　誰の声で聞こえるか

A　走れ！　メロス。

B　塔楼は，夕日を受けてきらきら光っている。

	根拠	根拠の説明
A		
B		

2　他の人からの意見

3　他の人の意見について考えたこと

「走れ！　メロス。」の声についての話し合いでは，「ゼウス」というユニークな答えを出した Y をめぐって，次のような会話がある。

A：何でゼウスにこだわるんですか？

T：はい？

Y：あ，なるほどね。あ，別に，あの，何だ，前回の時間，F 君からその，心の何だ，メロスの心のかっこメロスとは別の声って書いてあって，すっごい，あのあっそうか，別にゼウスじゃなくてもいいんだなと思ったんですが，何か，ゼウスの方が何かと都合がいいのかなと，メロスの中の別のメロスっていうふうに考えちゃうと，結局メロスだから，な，何かこう，自分と他人じゃないと客観的にみれないっていうか，自分のことを外から見てくれないんですよ。走れメロスというのも自分の中の自分が言うわけじゃなくて，自分の中のメロスあ，ゼウスがあくまで自分に言うわけであって，やっぱり第三者が必要なんだろうなと。

T：じゃ，メロスがさ，今まで，こう勇者とか言われてるのはゼウスのお陰なの？

Y：いや，自分のメロスの中のゼウスが，ゼウスが自分に，お前は勇者だって言ってる。

T：あ。

F：だからその力でメロスが本当の力を出してたんじゃないの。

T：ふふ。

F：後押し。

Y：メロス自身が俺って勇者じゃんって言ってるんじゃなくて，自分が，いやゼウスは俺のこと勇者だと思っててくれてるよ，絶対みたいな。

　声はメロスの声だとしている他の学習者が何とか Y の考えを理解していくという交流が成立している。問いが的確であれば，読みの交流によって，学習者はそれぞれの批評をつくりあげていくことになる。

3 読みの学習と〈問い〉

　文学を読むことは，自らを「読み手」とし，テクストの「語り手」と対話するということである。いずれも仮想的なものであるが，「語り手」に対応する「聞き手」を，読み手がテクストと対話するエージェントとして「読み手」化するといってもいい。テクストを媒介にして，仮想的なコミュニケーション空間が生身の人間同士のコミュニケーションとは異なるものとして設定されると言ってもいい。読み手は，テクストに関わるさまざまな問いをもち，問いかけながら読みを進めていくことになる。

　そこでは物語の舞台を確認していく設定に関する問いもある。そうした問いは，他の読み手とも共通な答えを引き出すだろう。「白いぼうし」の舞台について「季節はいつか」と聞いて，多様な答えにはならない。一方，「夏みかんの役割は？」という問いにはさまざまな答え方がある。読みの交流に適している〈問い〉は，さまざまな答え方があったり，さまざまな説明の仕方があったりするような問いである。違いが明らかになる方が，なぜ違うのかということを理解しようとするために，より深い交流を生むからである。そのため，私も当初は，それまで教材論の文脈で検討していたナラトロジー（物語論）にかかわって，「描出表現」（表現の主体者が，語り手なのか，作中人物なのか，また別の作中人物なのか，多様な解釈が可能な表現）にかかわる〈問い〉を交流のための問いとして学習をデザインしていた。描出表現というカテゴリーを提起した野村真木夫は，次のように定義している。[*4]

　描出表現とは，「と」などによる明示的な引用の標識が欠けているか，その作用範囲のそとで，コミュニケーションの参加者と区別されるテクストの任意の参加者の発話や思考の内容を対象とし，コミュニケーションの参加者のたちばからテクストの参加者をさししめすモードで表現する類型

である。

　「走れ！　メロス。」でいうと，まずこの表現は引用表示を欠いていて，地の文の中に現れるが，その地の文はメロスの独白のようにも見えるが，どこからどこまでが独白か判然としない文章になっている。テクストの参加者としてはメロス自身がいるが，メロス自身の独白なのか，コミュニケーションの参加者としての語り手が誰かに語りかけているのかも明確ではない。この部分の声の主を聞けば，答えようがいろいろであるわけである。「白いぼうし」でも，「やなぎのなみ木が，みるみる後ろに流れていきます。」という表現について，「誰の声で聞こえるか」あるいは「誰が見ているのか」を問うと，学習者の答えは，「女の子（ちょう）」「松井さん」「語り手」と３つに分かれる。これはそのような効果をもつ表現になっているのであり，それぞれの読みには正当な根拠がある。こうした問いをめぐって交流すると，多様な読みを相互に理解し，自分の読みを理解し直すことが可能であり，読みの学習が価値あるものとして成立する。

　このような交流を促す〈問い〉をさまざまな教材で検討することを続けていたところ，大学院の演習で，次のような〈問い〉を提案してきた現職院生がいた。北原白秋の「庭の一部」における空欄補充課題である。[*5]

さあ，朝飯だ。
真紅な，ちらちらする，
コスモスの花が三つと，
穂の出たばかりの小さい唐黍，
なんとこの庭の一部の
幽かな，新鮮な秋。
あ，□□□□□□□□

　最初，この課題は難しすぎるのではないかと考えた。また，逆に，何を入

れても成立するのではないかと考えた。たとえば「豆腐屋が来た。」とかでもいいだろうと。実際に院生や教師にやらせてみると「赤とんぼだ。」というものが多かった。それでも一応成立するがちょっと単純である。白秋は「郵便が来た。」としている。しかし，互いの答えを交流し，また，白秋のこの詩にかかわる論争を読んだりすると，やはり「郵便が来た。」が優れた詩的表現となっていることが見えてきた。

　空欄補充課題は，語りそのものにかかわらなくても，多様な答えを前提する〈問い〉である。私自身，さまざまな講習などで，「どうしたらそういう〈問い〉，学習課題が作れるのか？」と聞かれることがあったが，「それは勘でしょう。」などと答えていた。〈問い〉を案出することは，教師の職人技で，自分で生み出さないと意味がないのでは，とも思っていた。しかし，この「庭の一部」の課題を教師の研修会で提示したところ，「やはり優れた〈問い〉というものがあるのではないか。せめて交流に適した〈問い〉と要件を示して欲しい。」と言われたのである。そこで思い直し，「読みの交流を促す〈問い〉の要件」を検討することにし，研究の末，次のような5つの要件を提出した。

a　表層への着目
　テクストの表層的特徴に着目する〈問い〉であること
b　部分テクストへの着目
　部分テクストが指定されていることによって，読みのリソースの共有がなされていること
c　一貫性方略の共有
　部分テクストが他の部分テクストや全体構造との関係のなかで説明されるという解釈の一貫性方略（結束性方略）が共有されていること
d　読みの多様性の保障
　読み手によって解釈が異なるという読みの多様性に開かれていること
e　テクストの本質への着目

想定される作者との対話を可能にするようなテクストの勘所にかかわるものであること

「庭の一部」で言えば，空欄補充は，ごく一部の表現を問うので，aもbも満たしているし，詩であり，最後の行であるから，cも満たすことになる。自由に表現を考えるのであるから，dも満たすし，この空欄は詩の価値を決めることになるので，eも満たす。ただし，cは学習歴に左右されるし，eの判断は微妙にはなる。

難しすぎると言われ，つぎのようなバージョンも考えた。

① 誰でも気がつく表現上の特徴を捉えている。
② 着目する箇所を限定している。
③ 全体を一貫して説明できる。
④ いろんな読みがありえる。
⑤ その教材を価値あるものとする重要なポイントにかかわっている。

表現を変えたから，〈問い〉が作りやすくなるというわけではなく，教材の「勘所」をつかむ深い読みが教材研究の出発点になければ，単なるお題目である。ともかく，一定の要件を満たす〈問い〉は，読みの交流の学習を促進することは確かである。

読みの学習を子どもが主体的に推進するには，このような〈問い〉の要件を満たす学習課題を自らが作り出し，自主的に読みの交流を行って，批評に至るような学習を，子どもがデザインし実施できればいいということになる。ただし，急にそれが可能であるわけではない。教師でも〈問い〉づくりには悩むわけである。子ども自身も何が意味のある〈問い〉であるかを理解し，問いづくりの過程を体験しなければならない。そのための授業のデザインが必要である。

【第 1 章の引用・参考文献】

＊ 1　松本修（1986）「自由な「読み」の授業—『城の崎にて』の表層を読む—」『月刊国語教育研究』164　日本国語教育学会，pp.29-35（共著者鈴木敬子）

＊ 2　大森荘蔵（1996）『時は流れず』青土社，p.22

＊ 3　松本修（2006）『文学の読みと交流のナラトロジー』東洋館出版社，p.16・p.19

＊ 4　野村真木夫（2000）『日本語のテクスト—関係・効果・様相』ひつじ書房，p.251

＊ 5　松本修・佐藤多佳子（2010）「読みの交流のための学習課題—白秋「庭の一部」の表現分析に基づいて」『表現研究』第 91 号　表現学会，pp.21-29

〈問い〉づくりと交流のある読みの学習

第2章

1 〈問い〉づくりという言語活動

> 〈問い〉づくりは，学習者を物語の読み手に誘い，自ら課題を追究する姿を生み出します。読みの学習の言語活動は，「読む」という行為に直結するシンプルなものであるべきです。

■ 〈問い〉づくりとは

本書で言う〈問い〉は，読みの学習で扱う毎時の学習課題であり，対話の契機となるものであり，読み手としての解釈から再生産されたものでもあります。

このような〈問い〉を個々の学習者がもち，集団での検討を通して再考し，読みつつある物語を価値付けるために最良の〈問い〉を追究していく言語活動を〈問い〉づくりと呼んでいます。

■ 物語の読みの学習に必要な言語活動

そもそも言語活動はどのように定義されるものでしょうか？　今日，言語活動の重要性が広く認められました。しかし，その明確な定義を探すことは難しいでしょう。言語活動は，そう単純なものではないということです。松本（2012）は言語活動を次のように定義しています。[*1]

> 探究的な課題のもとに，活用を図ることにより，言語的思考にかかわる知識・技能および教科にかかわる知識・技能を確かなものとする，言語による表現を伴う相互作用的な活動

ここでは，言語活動の中にある4つの要素を見つけることができます。

①探究できる課題がある　②活用を前提としている
③読みの能力が育成される　④学習集団の表現を通した関わり

　読みの交流を促す5つの要件を満たす〈問い〉によって生み出された交流が，①〜④に適した言語活動であることは1章に示されています。だからこそ〈問い〉づくりは，読みの交流を中核にしたものでなければなりません。
　〈問い〉づくりは，「学習者が自ら〈問い〉をつくり，物語を読む」言語活動です。そして，〈問い〉づくりは言語活動の4つの要素を満たしたものでもあります。
　読みの学習において物語を読む〈問い〉は，無数にあります。学習者は，自他が生み出す数多くの〈問い〉に応えながら，問い方を学びます。それは，自らの読みに生かされる物語とのかかわり方とも言えるでしょう。

■　〈問い〉づくりを言語活動とした単元

　〈問い〉づくりは，読むという行為そのものに直結する言語活動です。物語を読む学習の言語活動には，音読劇や紙芝居，ペープサート，ブックトークなど，すでに様々な事例があります。〈問い〉づくりがこれらの言語活動と異なるのは，学習者が「物語の読み手」として学習できる最もシンプルな言語活動であるところです。
　一般的な言語活動は，教科書教材を読むことの必然性や学習者の意欲を高めるために，あるいは読むことの学習が担う指導事項を効果的に指導するために試行錯誤されています。ただし，読みの学習には，生活の中にある読書という営みをそのまま教室に持ち込んだ側面もあります。極端に言えば，読む以外のことは無用であるとも言えるのです。
　このような読むことの本質に，より近いシンプルな言語活動を目指したことが，〈問い〉づくりの根底にあります。

2 〈問い〉によって課題意識を生む

物語を読む学習に必要な課題意識は，「読む」ことです。「読む」とは，1章で述べられているような，自ら意味づけ，他者に伝える行為です。どのような言語活動であれ，それは「読む」行為を促すための仕掛けとなります。

■ 初読の感想は生かされるのか

「初読（初発）の感想をまとめる」という学習活動は，物語を読む際，教師の範読や学習者の初読の後に設定される学習活動です。多くの場合，学習者が物語と出会い，読み手としてどんなことに印象をもったのか，率直に感想としてまとめることを指しています。読み手としての学習者と物語との出会いを保証することは，読みの学習の前提です。従来，第1時での初読の感想は，第2時で単元の学習計画を立てることに生かされています。

反面，「初読（初発）の感想をまとめる」に対する批判や疑問の声もあります。批判や疑問の中心は，「初読の感想」は何のためにあるのかというものです。果たして，学習者が初めて読んだ印象が単元を生み出すような学習課題になるのでしょうか。授業で扱い，集団で学ぶことに値する〈問い〉になり得るのでしょうか。

このような批判や疑問に対して，実践では多くの場合，「初読の感想」を生かすのは学習者ではなく，指導者です。この場合，少なくとも学習者に自ら学習計画を立てたように思わせる意図的な指導が必要です。

「初発の感想」に関して長崎（2000）は，伝統的な三読法の指導過程上にあるものと位置付けた上で，青木幹勇や鈴木昭壱の考え方を比較しつつ，そ

の問題点と意義を整理しています。[*2]その中で，長崎は青木・鈴木の考え方を，「指導者が学習者の初読段階での読みの実態を把握しておきたい」，「どのような生かし方が可能なのか見越す」といったように指導者側の意図として焦点化しています。

　読み手としての立場を重視する読みの学習においては，学習者の目的にズレやスリカエのない課題設定が求められます。「初読（初発）の感想をまとめる」という学習活動が設定され，それが学習課題になり得たとしても，指導者によって紡がれるものでは，物語を読む目的や過程にズレが生じ，動機のスリカエが常に起こります。

■　物語を読む学習の課題意識

　〈問い〉づくりは，学習者が自ら読もうとする課題意識をシンプルに言語活動にしたものです。物語を読む学習における課題とは，「読む」ことそのものです。また，その探究とは自己の読みの探究，実現にあります。つまり，物語を読む学習における課題は，学習者自身が物語に対する〈問い〉をもつことと言えるのです。

　物語に対する学習者の〈問い〉は，単純な疑問や難語の指摘といった表層的なものから，人物の心情や主題にかかわる解釈や，視点あるいは語りといった物語構造にかかわる解釈を求めるものまで，様々です。

　様々な〈問い〉は，読み手としての学習者の物語に対する課題意識を反映したものでもあります。しかし，個々の〈問い〉は他者との対話によって更新されるべきものです。

　本書が提案するのは，〈問い〉づくりに向かう学習者の課題意識であり，「〈問い〉≠課題意識」です。つまり，自らの〈問い〉を追究する課題意識です。授業において確認される課題は「より良い〈問い〉をつくろう」ということになります。個々の〈問い〉は，その事例として検討されることになります。

3 〈問い〉を通して物語の特徴に気付く

> 学習者が自ら〈問い〉をもつ時，それは，学習者が感覚的に物語に反応した結果です。それは，物語の読みどころに気付いた瞬間です。それは，他者とのコミュニケーションのきっかけをつくろうとする動きです。

■ 〈問い〉を更新しながら物語を読む

「〈問い〉をつくることができる学習者は，すでにその物語を十分に読んでいる」という誤解があります。確かに本書が理想とする〈問い〉を生み出せるような学習者は，十分な読みの能力を身に付けていると言えます。ただしそれは結果論でしかありません。

物語を読む〈問い〉が，直観的・感覚的であることも〈問い〉づくりにおいては重要なことです。個々の学習者と物語との出会いは，素朴な疑問から自分勝手な思い込み，生活経験にあふれる感想など，十人十色です。〈問い〉づくりは，読み手としての学習者の素直な反応を学習に生かす機会になります。そして，学習者の〈問い〉は，読みの交流の中で更新されるからこそ，読みの学習を深めるものになります。そのためには，学習者が〈問い〉を追究する姿勢をもたなければなりません。学習者にとって〈問い〉の答えを考えることは，〈問い〉をつくるその先にあります。だからこそ，〈問い〉づくりは，取り組み易い言語活動であると同時に，そこでの学びが欠かせない学習活動なのです。

〈問い〉の更新には，深まりや広がりがあります。

第2学年「お手紙」での学習者の〈問い〉として，次のようなものがありました。

A 「がまくんは，どうしてお手紙をもらったことがないのか。」
B 「がまくんは，どうしてお手紙をもらえたのか。」
C 「かえるくんは，どうしてがまくんにお手紙を出したのか。」

後に述べますが，Aは良質な〈問い〉とは言えません（2章10）。Aを考えた学習者は，次にBの〈問い〉を考えました。AとBは，登場人物がまくんとお手紙に注目している共通点があります。その共通点をもったまま，Aの設定に対する疑問からBの結末に至る原因を探る〈問い〉へ変化しています。Cの〈問い〉を考えた学習者は「がまくん」から「かえるくん」へ，注目する登場人物の変化が生まれます。

■ 〈問い〉を更新する3つの方向

学習者にとって〈問い〉の更新は，意図的である場合と感覚的である場合があります。

意図的な更新は，注目した〈問い〉がもつ読みの観点や視点，読解方略を基に分析し，理解した結果です。これは，すでにある〈問い〉と更新した〈問い〉が相対的な関係をもち，〈問い〉によって得られる解釈を念頭にした更新です。学習者のメタ認知の表れ，読む能力を明示化したとも言えるでしょう。

また，意図的な更新として，教室内での対話の盛り上がりを意図した場合もあります。これは，〈問い〉によって得られる解釈が物語にとってあるいは読み手にとって重大なものでなくとも，対話の話題として魅力を感じた結果です。対話を意図した更新がなされた場合，多様な解釈の可能性を期待している学習者と言えるでしょう。

一方で，感覚的な更新もあります。これは，自他の〈問い〉によって読む動機が触発された瞬間です。感覚的な更新の場合，〈問い〉そのものへの興味・関心を得ている学習者が多く，その先に得られる解釈までは想定していない場合があります。

4 〈問い〉づくりで読みの力をつける

批評が成立する〈問い〉を生み出せる学習者は，十分な読みの能力を身に付けていると言えます。それは，その〈問い〉が，〈要点駆動〉の読みによって得られた解釈を中核につくられているからです。

■ 〈要点駆動〉の読み

山元（2014）は，Vipond & Hunt の研究における読みの様式として〈情報駆動〉，〈物語内容駆動〉，〈要点駆動〉の３つを挙げています[*3]。

・〈情報駆動〉の読み　…読者の主な目的が，作品から学んだり，情報を取り出すことにある読み
・〈物語内容駆動〉の読み…読者の主な目的が，作品に描かれた世界を「生き延びる」ことに置かれるような読み
・〈要点駆動〉の読み　…作品の「評価構造（the evaluation structure of text）」に基盤を置きながら，作品の話題を探る読み

〈要点駆動〉の読みは，物語の空所に関わる箇所に触発されながら，象徴や暗示を捉えた読みが想定されます。そこには，物語全体を一貫した説明がなされるような解釈があります。

山元は，〈情報駆動〉の読みと〈物語内容駆動〉の読みを否定するのではなく，それぞれの読みが〈要点駆動〉の読みに至ることを重視しています。多様な〈問い〉を検討することによって，学習者は〈情報駆動〉の読みと

〈物語内容駆動〉の読みを経験し，価値ある〈問い〉に向けてそれを乗り越えていくことになります。また，山元は〈要点駆動〉の読みと他の2つの読みとの違いを，「読みつつある文章の枠を超える読みであり，筆者（作者）と読者との協働によって成り立つ読み」と述べています。このような〈要点駆動〉の読みは，〈問い〉を更新しながら，自らの解釈を追究していくという，〈問い〉づくりが備えた機能によって再現されると本書は考えます。そして，〈要点駆動〉の読みによって生み出された〈問い〉は，1章で述べられているような批評を成立させる〈問い〉であると言えるでしょう。

■ 〈問い〉に表れる読みの力

　〈問い〉は，答えとその答えを見つける過程，あるいは〈問い〉を考えることそのことが解釈であり解釈形成過程となります。当然，〈問い〉づくりを通した読みの学習は，読みの力を高めるものでなければなりません。

　もちろん，〈問い〉の答えとして得られた解釈から読みの力を見取ることができます。ただし，〈問い〉に表れる読みの力は，その発達段階・意図によって大きく異なります。西田（2016）は〈問い〉に表れる読みの力を，読みの交流を促す5つの要件に対応させ，次のように示しています。[*4]

> a´　語彙的意味を正しく捉える読み
> b´　人物や場面，出来事等の設定に関わる読み
> c´　文脈から一貫性を推し量る読み
> d´　交流を生かした読み
> e´　象徴性や暗示性，主題に関わる読み

　これらの力を身に付けるために〈問い〉づくりにおいて学習者が求められることは，①〈問い〉についての理解，②価値ある〈問い〉を探す意識，③他者との読みの交流によって自らの解釈を追究していく姿勢です。

5 〈問い〉を話題として交流する

> 〈問い〉づくりでは，学習者が物語の〈問い〉を交流の中で検討します。他者との対話の中で新たな〈問い〉に気付いていくことは，新たな解釈を得ることに止まらない意味をもちます。

■ 読むこと「ならでは」

　学習者自身が〈問い〉の質的な差異に気付いていくことは，〈問い〉づくりを中核とした単元学習において重要な要素です。その気付きを生み出す場として対話は欠かせないものです。

　学習指導要領（平成29年告示）では，国語科においても「見方・考え方」が示されました。それは，「言葉による見方・考え方」であり，「『どのような視点で物事を捉え，どのような考え方で思考していくのか』というその教科等ならではの物事を捉える視点や考え方である」[*5]と説明されています。読むことの目標としては，「思いや考えを伝え合おうとする態度」という記述に象徴されるでしょう。

　では，物語を読むことの学習における「ならでは」とは，何でしょう。1章では，文学の読みと交流について「読むという行為は，本質的・本来的に他者との対話・交流を前提とした行為である。」と述べています。

　この提案は，他者との対話の中で自己の読みを追究していくという物語を読むことの学習「ならでは」の見方・考え方を示しています。

　本書では，読み手である学習者が読みの本質を理解し，読むこと自体を目的とした読みの学習を成立させるために，〈問い〉の前提として交流を位置付けています。だからこそ，本書の提案する〈問い〉あるいは〈問い〉づく

りは，他者との対話において話題とし，交流を通して更新していくことを学習者が意識します。2章10で具体的に述べるように，他者との対話の契機とならない〈問い〉は，良質な〈問い〉とは言えないということです。

■ 交流の話題となる〈問い〉

〈問い〉づくりを行う単元では，全体を通して多くの〈問い〉が生まれます。当然，全ての〈問い〉が集団で検討されるわけではありません。交流の話題となる〈問い〉は，学習の意義のあるものでなければなりません。

交流の話題となる〈問い〉は大きく次の2つに分類されます。

> A　物語の解釈形成において重要な要素を含んでいる
> B　問い方を学ぶ契機となる

Aは，限られた授業時数の中で，物語の読みどころに関わる内容について解釈する機会を生みます。Aに分類される〈問い〉を配置することで，物語の解釈を毎時積み重ねる読みの単元としての学習計画が構成されます。

Bは，〈問い〉づくりという言語活動をより効果的なものとするために，問い方の精度を高める機会を生みます。〈問い〉づくりは，年間を通してあるいは学年をまたいで継続的に取り組むことができます。学習者は，〈問い〉づくりの経験を積み重ねることで，驚くほど良質な〈問い〉を生み出すようになります。

交流の話題として扱われない個々の〈問い〉は，学習集団全体で共有し蓄積されていく工夫が必要です（2章17）。また，話題となった〈問い〉は，他者の〈問い〉から個々に還元された〈問い〉として蓄積されなければなりません。

そのためには，交流を通して他者の解釈や〈問い〉を自分のものにしていこうとすることが，「学び方」として学習集団に根付いていることが重要です。

6 目指したい交流① 解釈・読解方略が表れる発話

> 〈問い〉を話題とした交流には，〈問い〉の価値を検討する内容の発話
> があります。その中には，問い方や解釈，読みの方略に関わる発話が織
> り重なっています。

■ 〈問い〉を検討する学習者の発話

　〈問い〉を話題とした交流が，解釈を検討し共有する交流と異なる点は，その発話内容に大きく表れます。〈問い〉を話題とした交流における学習者の発話は，たとえば次のようなものです。（平田拓也「つみきのいえ」）

> A：タンポポを見て笑ったことの意味は　B：なぜ大切な思い出を忘れたのか
> F：なぜこの家に住み続けたのか　G：物語の中でどんな変化があったのか

C1：えっと…まあ，2つになったんだけど，しぼるんなら G。

C2：あっ，賛成。

C1：まあ，はい。えっと，理由としては，物語内の変化って大事だし，しかも今回って，下の階に潜って思い出してんのか，それとも記憶から引き出されたのか知らないけど，まあようは，まあ変化が加わっているから，そうかなって。

C2：うちは，いつも最後は物語の変化でまとめるけど，これは変化をどうまとめるのか，全然予想がつかない。

C1：予想がつかないイコールっていうのはよく分からないけど，まあ…。

C3：私が選んだのは，B です。

Ｃ１：理由は？

Ｃ２：それは，簡単に答えがだせるでしょ。おばあちゃんが死んだから悲しいんでしょ。

（中略）

Ｃ２：じゃあ，Ｃ４はＡで。Ｃ１と私はＧね。じゃあ，これをまとめて１個問いをつくってみない。

Ｃ１：ちょ，ちょっと待って。もう１つ除外したいのがあって。まあ，Ｆ。「結婚した二人は」から，「そしておじいさんはここに住み続けてきたのです」っていうところで。ある程度，結構察するよね。読み取る力としては，おじいさんとおばあさんが初めて立てた家だからっていうのが，まあ，理由になるよね。

Ｃ３：離れられない。

Ｃ１：なぜっていうのとは，ちょっと違う気がする。

Ｃ２：あー。

Ｃ１：ようはおじいさんの今までの思い出が全部つまった家で，ここを離れるっていうのは，もうねえ，子供たちもいないんだし。

　Ｃ１は，複数挙げられている〈問い〉（Ａ～Ｇ）に対して，自分なりの理由を述べ，評価しています。その際，「下の階に潜って思い出してんのか，それとも記憶から引き出されたのか知らないけど」という登場人物の変容に関する解釈を挙げ，「変化」という言葉で表しています。

　Ｃ２は，Ｃ１への返答として「いつも最後は物語の変化でまとめるけど」という，変化に着目して読みを形成する読解方略に触れています。また，Ｃ３に対するＣ２の反応は，〈問い〉の価値観に関わるものです。簡単に答えが出せる〈問い〉に，Ｃ２が価値を見出していないことが分かります。

　Ｃ２のように，提示された〈問い〉から，新しい〈問い〉をつくろうという発話もあります。提示した〈問い〉の中で共有された解釈や価値規準を基にして，さらに１歩進んだ〈問い〉が生まれていきます。

7 交流のねらい
目指したい交流②
〈問い〉を価値付ける発話

> 〈問い〉を検討する交流では，読解方略や得られる解釈から〈問い〉について価値付けようとする発話を目指します。本項のＣ１やＣ２のような発話がその具体と言えるでしょう。

■ 読解方略や得られる解釈によって〈問い〉を価値付ける発話

　前項に挙げた学習グループでは，それまでの〈問い〉についての検討を踏まえて，次のような会話がなされています。

Ｃ１：ＡとＧで考えてみよう。

Ｃ４：んー。

Ｃ２：Ｇで「おじいさんは物語の中でどんな変化があったでしょう」で，これの答えになる文ってなんだろう？

Ｃ１：答えっていうか，それ以前にこの問いを問うことでどんな文章の本質が見つけられるかってことで。

Ｃ１：変化のきっかけっていうのは大工道具を落とした…というのもそうだけど，完璧な変化としては下の家に潜っていったってことだよね。その時にさ，子猫が逃げちゃった家だとか，カーニバルがあった家だとか…。

Ｃ２：思い出を思い出したっていうのは。

Ｃ２：そしたらさ，それなら潜って「一段一段下の家に潜っていきました」が，これの変化。だってさ，普通なら取ったらすぐもどるけどさあ，一回，思い出を思い出しちゃったから，もっと下の家に思い出を掘り

返したくなっちゃった。

C1：そうじゃないんだよなあ。

C1：一番最後と比べてみてどうなのかってことなんだよなあ。AとGって，ちょっと関連性示している感じする。だから，一番最初はなんかこう…何もなかったし，その文章中のさあ，下の家へ下の家へ潜っていったっていうところが変化で，壁の割れ目にタンポポがってところが終わりなのかも知れないじゃん。やっぱり，Aを解けばGも解けるかもしれないんだよ。

C2：そうだよ，今，思い出して穏やかになったんじゃない。思い出して。

C3：年寄りだから？　うちのばあちゃんもそうだよ。

　　AとGを合わせて考えようとする中で，変化のきっかけやその過程が話題になっています。それぞれの〈問い〉によって得られる解釈が念頭にされながら検討されています。特に，C1の「答えっていうか，それ以前にこの問いを問うことでどんな文章の本質が見つけられるかってことで」という発話は，〈問い〉づくりという言語活動の意義を体現していると言えるでしょう。

　　この学習グループの話し合いは，次のようなC1の発話で終わります。

C1：Aを問えば，Gも出せる気がするんだよね。Aはなぜ笑ったのかってことについて，なぜ笑ったのかってことが分かれば，あの，ここが変化のきっかけで，Aの変化の状況になったって分かるでしょ。なら，どんな変化があったのかっていうのと，Aは共通すると思う。

　　この話し合いでは，A〜Gの〈問い〉を検討する中で，答えとなるそれぞれの解釈や〈問い〉に関わる叙述が発話されています。〈問い〉の検討が，物語の解釈の交流につながっていることが確認できます。〈問い〉の検討を通して，物語全体における変化や特定部分の解釈がある程度共有されたことによって，象徴的な描写の効果や一貫性が認められたと言えます。

〈問い〉づくりの前提

「価値ある〈問い〉」を位置付ける

> 〈問い〉づくりを言語活動として単元を推進するためには，学習者の〈問い〉に対する価値規準を設ける必要があります。その規準は，交流を通して検討される中で生まれていきます。

■ 〈問い〉を検討するための指針

　本書では，1章が示すような批評が成立する〈問い〉，読みの交流を促す〈問い〉を読みの学習において取り組む価値のある〈問い〉と考えます。

　〈問い〉を話題とした交流を実現するためは，学習集団全体がより良い〈問い〉を追究しようとする目的を共有することが最も重要です。物語に対する学習者の〈問い〉は，当然個々の読みの能力に影響されます。また，読書経験や興味関心によって着眼点は異なります。

　そこで本書では，学習者の目的意識を束ねる言葉，〈問い〉づくりを推進する課題意識を集約する言葉として「価値ある〈問い〉」というキーワードを掲げます。それは，学習集団全体が，ある価値規準において〈問い〉を検討し，洗練・深化させていく意識です。

　西田（2018）は，価値ある〈問い〉について次のように述べています。[*7]

> 　〈問い〉を追究する読みの学習は，〈問い〉づくりと読みの交流を繰り返す中で，〈問い〉の変容と解釈の形成がなされる。問うことによってもたらされる解釈は，〈問い〉の価値を判断する媒体として機能する。学習者が個々に〈問い〉を追究していく学習を交流の中で成立させるには，価値を判断するための規準となる一定の共通理解が必要である。そのために学

習者には，価値ある〈問い〉という考え方が求められる。そして，学習者が価値ある〈問い〉を追究する際の具体的な価値規準は，学習者が学習の中で得ていくものである。

　価値ある〈問い〉という名付けが，問うことによって物語を読み深めるという学習の課題意識を生みます。また，西田が述べるように価値ある〈問い〉の価値規準を学習の中で検討していくことこそ，読むことにおいて重要な姿勢です。

価値ある〈問い〉とはどのような〈問い〉なのか？

　単元を通したシンプルで強い言葉です。
　もちろん，読み手として，個人がもつ〈問い〉に価値のないものなどありません。
　ここでの「価値ある」は，読みの学習として，言語活動を推進するものとして最良の〈問い〉を追究するためのスローガンです。読みの学習の限られた時数を使って集団で物語を読み，闊達な対話が生まれる中で，解釈が深まるための〈問い〉が「価値ある〈問い〉」です。自分勝手な読みに終始してしまう〈問い〉，対話の必然性をもたない〈問い〉，物語の表層だけにとらわれてしまう〈問い〉，このような〈問い〉を「価値ある〈問い〉」とは呼べません。
　「学習者の〈問い〉に優劣はあるのか？」という質問もあります。その優劣は，やはり学習という枠組みの中で成立します。だからこそ，優劣の規準は常に学習者の中で検討されなければなりません。そして，教師が明示する規準も必要です。
　重要なことは，より良い〈問い〉によって他者との対話の中で自分自身の解釈を深めていこうとする学習者の姿勢をいかにして創るのかです。

9 〈問い〉づくりの前提条件

学習者が〈問い〉づくりを進めるためには，前提条件があります。この前提条件は，読みの学習という枠組みを整えるものであり，物語の読みを通した他者との学び合いを身に付けさせるためにあります。さらに学習者にとっては，〈問い〉をつくるための拠り所となります。

> ア．〈問い〉は，交流を通して答えを考える
> イ．作品の読みどころを引き出すことを問う
> ウ．叙述から答えられないことは問わない
> エ．誰が読んでも答えが同じことは問わない

■ ア．〈問い〉は，交流を通して答えを考える

アは，〈問い〉づくりの最も中核にある条件です。学習者には，〈問い〉は交流の中で考えを共有しながら答えていくことを確認します。この前提条件を提示された学習者は，「簡単に答えが出せない〈問い〉がおもしろい」や「いくつかの答えがある〈問い〉がよい」といった理解がなされます。このようなアから派生する条件は，学習者の言葉で，学習者が創り出す価値ある〈問い〉の要件につながっていきます（2章11）。〈問い〉づくりがアのような前提条件をもっていることで，読みの学習における対話は，必然的なものとして学習者に浸透していきます。

■ イ．作品の読みどころを引き出すことを問う

イは，価値ある〈問い〉を探究するための前提条件となります。〈問い〉

を更新することによって学習を進めることにもつながります。ただし，他の条件に比べて，抽象的なものであり，難しい前提条件です。

　物語の読みどころは，読み手次第とも言えます。学習者の読み手としての立場を尊重しつつ，学級造語に置き換えながら共通理解を図ることも必要でしょう。

■　ウ．叙述から答えられないことは問わない

　ウは，〈問い〉の検討を「なんでもあり」にさせないものです。読みの学習における解釈形成に必要な，最も基本的な態度です。叙述を基にした解釈を促すこと，あるいは身勝手な自分勝手な読みを排除する意図があります。叙述を根拠とした解釈の説明は，物語の読みとして基本的な態度と言えるでしょう。

■　エ．誰が読んでも答えが同じことは問わない

　エは，他の３つの条件とは異なり，これまでの読みの学習では指摘されていないものです。

　教室における集団の読みには，たった１つの明確な答えが存在します。たとえば次のような〈問い〉には，たった１つの明確な答えが存在します。

> 「ガンの頭領の名前は。」

　「大造じいさんとガン」におけるこの〈問い〉の答えは，「残雪」です。それ以外の何者でもなく，これ以外の答えにはたどり着きません。読みの学習は，誤読と言えるような解釈も含めて読み手の立場を大切にすべきだという考えもあります。極端な例ですが「ガンの頭領の名前は。」がもつ大きな問題点は，１章で述べられている読みの交流を促す〈問い〉の５つの要件のd「読みの多様性の保障」を満たしていないという点です。

10 〈問い〉づくりの前提条件から広がる学び

> 〈問い〉づくりの4つの前提条件には，それぞれに学びの広がりがあります。この広がりは，交流の必然性をもたせる意図があるとともに，学習者が自らの読みを対話の中で深める意義を実感するものでもあります。

■ 学習者の実感が伴う　ア

　学習者がつくった〈問い〉に対しては，学習者自身が話し合い，答えを考えていくため，率直な印象が生まれます。それは，「答えを出すことができた」や「たくさん考えることができた」といった解釈形成の達成感にかかわるもの，「話し合いが盛り上がった」や「友達の考えが面白かった」といった対話の充実感にかかわるものがあります。

　これらの印象は，教師から与えられるものではなく，自分たちが交流によって得た実感であるため，大きな説得力をもちます。交流を通した〈問い〉の印象は，当事者でない教師には得られないものであるため，学習者の印象を尊重すべき点と言えます。

　〈問い〉づくりと交流がもつ，トライ＆エラーを繰り返すような側面は，学習者自身の実感が伴う貴重な学びと言えるでしょう。

■ 学習者が〈問い〉を追究し続けられる　イ

　〈問い〉づくりの価値規準としてイ以外の条件は，交流を前提とした〈問い〉をつくるための条件です。これに対して，イは解釈形成を促すための条件と言えます。物語の読みとして，象徴や暗示に気付き，主題について考えるような〈問い〉は，イに着目させた〈問い〉づくりによって実現すること

になります。第3章で示すように，第6学年での実践においてイの効果が発揮された「価値ある〈問い〉を考えて，物語を読もう」という単元こそ，本書の目指すところと言えます。

■ 学習者の解釈の妥当性を高める　ウ

「叙述を基に」という読解方略は読みの学習の基礎基本でありながら，〈問い〉づくりにおいては，書いてあるのか・書いていないのかを越えた学びがあります。

たとえば，次のような〈問い〉があります。

「なぜごんぎつねは，きつねなのか。」

「ごんぎつね」の設定に関する疑問です。この疑問に対する答えは，少なくとも叙述の中にはありません。第4学年の学習という枠組みでなければ，「ごんぎつね」という作品に想定される風景あるいは作者像へ迫る〈問い〉として採用できるかもしれません。

次の〈問い〉はどうでしょう。

「兵十のお父さんはどうしていないのか。」

「ごんぎつね」において，兵十が母を失い，ごんと同じ一人ぼっちになることが重大なトピックであることは言うまでもありません。この〈問い〉に対しては，このような作品構造や主題にかかわる話題として答えることになるでしょう。しかし，もし，そうであるならば他の問い方をするべきです。

〈問い〉づくりにおける答えの妥当性は，叙述から説明できるのかにかかっているからこそ，ウを確認することが大きな学びになります。

■ 学習者が言語的事実を捉える　エ

　エは，単純な〈問い〉を否定するものではありません。むしろ単純な〈問い〉について，たった1つの明確な答えになるのか，学習者が1つ1つ確認しながら判断していく過程こそ重要です。

　田近（2013）は，文学の読みを成立させる学習活動の過程について，「『注釈』及び『解読』は作品の言語的事実面（素材）に対する客観的な操作である」と述べ，テクスト内に言語的事実という認識をもっています。[*7]

　田近の言う，言語的事実には，叙述の語彙的な意味の側面に加え，物語の設定と言える表層の解釈の側面が含まれています。一般的に認識されている設定は，時・場所・人物の基本的な説明等に関する内容です。学習指導要領においては「時間や場所，問題状況など」[*8]とされていました。

　西田（2018c）は，言語的事実としての物語の設定について，「他者に了解を得なければならない意識が薄く，共有しているという錯覚に陥るテクストの文脈である。そのため，読みの交流においても，解釈に至る重要なテクストの文脈であるにもかかわらず，他者の了解を得ないままに共有を黙認される傾向がある。」と指摘しています。[*9]むしろ言語的事実については，他者との間で「同じである」と，共有しようとすることが重要な学びになります。

　次のような〈問い〉は言語的事実を含むものです。

「大造じいさんが，ガンをねらう季節はいつか。」

　答えは，「秋」です。たった1つの明確な答えです。しかし，2章9の〈問い〉「ガンの頭領の名前は。」ほど単純なものではありません。「この季節になると…」という，ガンの到来時期と場面の秋という設定を読む必要があります。いくつかの言語的事実が積み重なり妥当な推論として，「秋」という答えは揺らがぬものとなります。

　言語的事実は語彙的な意味の関連からある程度の幅をもっています。だか

らこそ，自他に了解される言語的事実の範疇を，読み手である学習者が判断するほかありません。言語的事実について他者と了解できる範疇を検討することは，自他の解釈や方略の差異に気付く機会にもなるでしょう。

　読みの交流において言語的事実が明示化されることは，学習者が当たり前だと思い込み，対話の中で持ち出されない叙述の解釈に焦点を当てる結果を生み出します。学習者のメタ認知が働き，より精細にテクストに向き合うようになるとも言えるでしょう。

■ エに注目して言語的事実が話題になる読みの交流

第5学年「注文の多い料理店」において次のような検討がありました。

C1：うんとー，うんとー。山猫，山猫軒で，山猫に出会う。
C2：出会うっていうより目が見えた。
C3：だれが読んでも同じと言ってますし，さらにそれを山猫軒だからもありますけれど，確かな表現はありませんよね，それ。
C3：山猫の目が見えただけで，出会うとは。
C2：山猫の目が見えたとは，表現していませんよね。
C4：ん，そうだっけ？
C2：山猫とは言っていませんよね。
C1：山猫とは言い切れないけど山猫軒って書いてあるから。

　C2が述べるように，目が見えたというところまでは認められますが，それを出会ったと言うのかどうか疑問がもたれています。言語的事実に着目することで叙述に対して敏感な反応が促されています。

11 学習者が考える 「価値ある〈問い〉」の要件

> 学習者は交流の中で，〈問い〉を生み出しながら，その価値規準も創り出していきます。学習者は価値ある〈問い〉を探究することで，価値ある〈問い〉ができるために重要な条件を整理することができます。

次の表は，第6学年の学習者が「価値ある〈問い〉をつくるときに，重要な条件は何か。」という話題で話し合った結果です。[*10]

	価値ある〈問い〉の要件	人数
A	設定に関しては問わない	25
B	答えが出ないことは問わない	16
C	簡単に答えがでることは問わない	13
D	根拠を示すことのできる問い	11
E	登場人物の心情を読み取る問い	10
F	人称についての問い	7
G	変化を見つける問い	6
H	物語の構造を理解できる問い	4
I	作品の見方が変わるような問い	4
J	文1つ1つの意味を問う	3
K	象徴について問う	3
L	主題に迫っていく問い	3
M	題名に関わる問い	2
N	その物語の特徴について問う	2
O	物語全体にかかわる問い	2
P	その物語にしかないことを問う	1
Q	物語全体が分かる問い	1
R	物語の中で大事な語りを問う	1
S	作者の伝えたいことにつながる問い	1
T	最後の一文について考える問い	1
U	作品の重要なところを問う	1
V	重要な言葉が含まれている問い	1
W	隠された本当の意味を問う	1
X	何度も話し合える問い	1
Y	具体的で分かりやすい問い	1
Z	学習してきたことを使う問い	1

（37人，複数回答可）

学習者25人（約67％）が提出した「Ａ　設定に関しては問わない」は，自他に了解され，問う必要のない言語的事実を指しています。この要件を提出した学習集団において，「**エ　誰が読んでも答えが同じことは問わない**」という〈問い〉の前提条件が効果を発揮し，定着していると言えます。だからこそこの学習集団では，交流中，常に「何が設定で，何が設定ではないのか。」という話題があります。問う必要がないことに関しての話題が，学習者の中で最も問うべきものとして着目されている矛盾とも言えるでしょう。

　「Ｂ　答えが出ないことは問わない」についても了解される解釈の範疇に関する意識であり，勝手な想像を解釈から排除しようとする学習者の意識が表れたものです。

　「Ｃ　簡単に答えが出ることは問わない」と「Ｄ　根拠を示すことのできる問い」は，４つの前提条件が定着していることの表れです。Ｃのような〈問い〉はそもそも話題にする必要がないという意識が分かります。ただしＡと同様に，〈問い〉の答えが出るのか出ないのかを考えること自体は，読みを深める契機として期待できます。勝手な想像とは何をもって勝手とするのかという点がＤの要件に結び付くのでしょう。Ｄは，答えとしてではなく，解釈の根拠を叙述に求められるのかというものです。Ａ〜Ｄのような要件が多くの学習者によって提出されていることから，〈問い〉づくりの４つの前提条件が，学習者にとって〈問い〉づくりにおける重要な要素として定着していると言えるでしょう。

　Ｘ・Ｙ・Ｚについては，これまでの学習という枠組みの中で，学習者が培ってきた学び方や学習環境が生み出した項目であると考えられます。これらは，学習者が積み上げてきた学習の成果として〈問う〉という行為の様相を形作っています。

　対してＥ〜Ｗは，学習者が読み手の立場で価値ある〈問い〉を捉える観点として挙げたものです。多くの学習者が提出した「Ｅ　登場人物の心情を読み取る問い」は，物語の読みが心情に関する読みを想起させる学習者の自然な反応であるとも言えるでしょう。

12 学習者の 〈問い〉 と教師の 〈問い〉

> 学習者の 〈問い〉 と教師の 〈問い〉 には，決定的な違いがあります。
> それは，〈問い〉に答えようとする際に働く読みの力を加味しているか
> どうかです。

■ 教師の 〈問い〉 が備える意図

　教師の 〈問い〉 は，読みの学習によって学習者が読みの力を身に付けられ
るように意図されています。また，読み手として体験させたい物語の解釈も，
当然あります。さらに，発達段階や学習集団内の読みの力の差に対する配慮
がなされています。

　たとえば次のような 〈問い〉 があります。（宮沢賢治「注文の多い料理店」）

> A　「二人のわかいしんしは，どんな人物ですか。」
> B　「二人のわかいしんしの人物像が一番よく表れている言葉や文はど
> 　　れですか。」[*11]

　「注文の多い料理店」の登場人物である「二人のわかいしんし」の人物像
に対する解釈を求める 〈問い〉 です。この 2 人の人物像は，本作の象徴や暗
示を色濃く表し，主題に関わる重大な要素であり，問うべきことと言えるで
しょう。

　A は，シンプルな 〈問い〉 であり，学習者が創り出す可能性のある 〈問
い〉 です。2 人の服装や言動から，多面的に捉えたいところです。しかし，
学習者の実態によっては，イメージが先行し，根拠の乏しい解釈になること

も想定されます。

　Bは，このような想定を加味して，叙述を挙げることが指定されています。その理由として，必然的に人物像の説明をすることになる巧みな〈問い〉と言えるでしょう。

　Bのような，学習者の活動を意図した〈問い〉は，学習者の〈問い〉には見られない特徴です。むしろ，学習者に求める必要のないことであり，教師の〈問い〉が備えるべきことと言えます。

　さらに，１章でも示されている次のような〈問い〉も，教師の〈問い〉に求められる特徴を備えています。

> C　「『やなぎのなみ木が，みるみる後ろに流れていきます。』は，誰が
> 　　見た風景ですか。」*12

　Cは，「白いぼうし」にある松井さんがいつの間にか乗車していた女の子にせかされながら走り出す場面の描写を扱っています。どの登場人物の立場でこの描写を読むのか，多様な解釈から闊達な交流が想定される〈問い〉です。Cのような〈問い〉は，語りの特徴や語り手の寄り添いに注意を払うことで生まれます。小学校段階では，学習者の〈問い〉として想定し難いものです。しかし，現状，このような〈問い〉が小学校段階の学習者から生み出されないのは，描写の特徴や語り手の立場を捉えるような読みを体験する機会が少ないという指摘もできます。

■　学習者の〈問い〉の特徴

　学習者の〈問い〉の大きな特徴は，更新され続けるということです。〈問い〉づくりは，〈問い〉の更新を学習者に求めていますが，元来，学習者は既存の〈問い〉に満足することはありません。また，学習者の〈問い〉は一回性のものです。読み手として一度取り組んだ〈問い〉が，新しい〈問い〉に勝ることはありません。

13 「解決→課題設定」 の流れで展開する

> 〈問い〉づくりは，「解決→課題設定」という流れをもった学習展開を生み出します。これは，「課題設定→解決」という従来の読みの学習の学習展開を覆すものです。

■ 2つの課題をもつ〈問い〉づくりの構造

〈問い〉づくりは，「価値ある〈問い〉をつくろう」という単元全体の課題があり，毎時の学習者の課題意識として意識されます。同時に，生み出した〈問い〉を交流の中で検討し，個々の解釈を形成していくことも，〈問い〉を課題とした課題解決の場面と言えるでしょう。

■ 〈問い〉づくりによって生まれる学習展開

従来，「課題設定→解決」という読みの学習の流れがあります。その中では，授業の導入は，課題を学習集団全体で確認する時間となります。そして，個々の一時的な解釈形成から対話による共有を経て，本時の課題に対する個々の解釈をまとめていきます。読みの学習がこのような流れだけを続けている限り，学習者が物語に対して自ら問いをもって読もうとする姿勢を育成することは難しいでしょう。

第一次，単元の初めとして取り組む〈問い〉を学習集団全体で検討する場合もあります。しかし，学習者の〈問い〉は，解釈が積み重なり読みが深まるにつれて，物語の核心を捉えていきます。だからこそ〈問い〉は，学習活動としてつくり続けなければなりません。

〈問い〉づくりには，「解決→課題設定」と言える流れがあります。基本的

に，本時に取り組む〈問い〉の設定は，前時になされているからです。また，〈問い〉の設定は学習集団の検討の中で行っているため，ある程度，答えとして得られる解釈の見通しも生まれているのです。そのため，〈問い〉の答えは前時からの流れを引き継ぎ，学習集団の全員が取り組みやすい状況が整っているのです。

■ 学習者の物語に対する興味・関心が動かす展開

〈問い〉づくりの単元がもつ最もダイナミックな要素は，教師の立場で学習計画を確定することができない点にあります。〈問い〉づくりの単元は，学習者の〈問い〉によって動きます。もちろん単元の冒頭に設定することができる学習課題は，「価値ある〈問い〉をつくろう」だけです。具体的な〈問い〉は，基本的に次の時間に扱うものしか確定できません。

学習集団の読みが学習を動かしているという意味で，〈問い〉づくりのある読みの学習は Live であると言えるでしょう。

■ 〈問い〉を契機として読書活動を広げる

〈問い〉づくりに慣れ親しんだ学習者は，日常的な読書活動の中で〈問い〉を活用することができます。これは，読みの学習にかかわる様々な言語活動の基盤となる力です。

たとえば，言語生活への広がりとして，〈問い〉のしおりがあります。ある時，1人の学習者が学校図書館の本に〈問い〉と答えを書いたしおりをはさんで返却しました。〈問い〉のしおりは，瞬く間に広がり他学年でも話題となりました。以来，〈問い〉のしおりは，学級・学年を越えた読みのコミュニケーションツールになっています。

〈問い〉を残すことは，本人にとっての読みの痕跡であり，日常の読書の中に〈問い〉あるいは〈問い〉を通した他者とのコミュニケーションが浸透する契機となります。

14

〈問い〉づくりと交流の進め方

学習の流れ①　基本的な展開

　〈問い〉づくりを中核とした単元は，第一次において物語に出会うとともに，〈問い〉づくりという言語活動を通して，価値ある〈問い〉とはどのような〈問い〉なのか，検討していくことが共有されます。ただし，学年の指導内容，学級の実態によって〈問い〉の観点を焦点化する必要もあります。

　第二次における学習計画は，概ね次のような展開になります。

① 〈問い〉を確認する（5分）

② 〈問い〉に対する答えを考える（5分）

③ 〈問い〉に対する答えをグループで交流する（10分）

④ 〈問い〉に対する答えをまとめる（5分）

⑤次時に取り組む〈問い〉を考える（5分）

⑥次時に取り組む〈問い〉を全体で交流し，決める（15分）

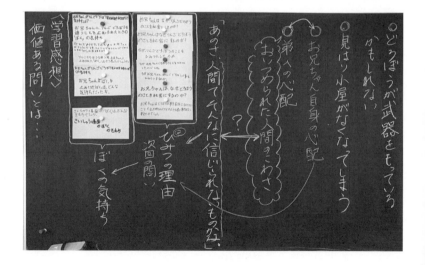

■ 第二次における基本的な展開を行った板書

　第二次における毎時の展開は，ルーティーンにしておくことで学習者の見通しが明確になります。学習者による授業の進行も可能になるでしょう。

　①〜④は，前時に決めた〈問い〉を解決するものであり，スムーズな活動が期待されます。ただし，①は，前時に決まった〈問い〉を板書するだけではありません。本時の〈問い〉が，いかに前時から話題になっていても，学習集団内の個人差が全く解消されている訳ではありません。さらに，扱う〈問い〉の持ち味を引き出すためには，気付かせたい叙述や物語全体を通した説明，細部への着目など，実態に応じた導入の工夫は必要です。

　⑤は，これまでの〈問い〉を参考にしながら次時に取り組みたい〈問い〉を短冊に書きます。その際，学習者が，〈問い〉の類似を意識しながら自ら黒板に貼るのか，教師が回収して意図的に掲示するのかは大きな違いがあります。

　⑥は，〈問い〉の条件に沿っているかを検討します（2章9）。その際，ある程度得られる答えの見通しは話題になります。むしろ，そこで出されたいくつかの選択肢を，次時に追究することになります。

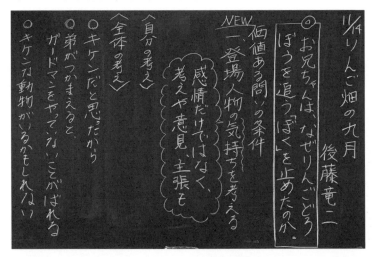

15

〈問い〉づくりと交流の進め方
学習の流れ②
〈問い〉の検討に特化した展開

　〈問い〉の検討に焦点化した学習展開の場合，一定の観点から〈問い〉の比較を行って物語全体を捉えたり，問い方に関する意識を高めたりすることができます。学習集団の実態によっては，〈問い〉の検討に焦点化した学習を組み込むことが有効になります。〈問い〉が，極端に拡散・集中している場合，個々の学習者のつくる〈問い〉の質の差異が顕著である場合などです。

　〈問い〉の検討を主とした時間は，次のような展開になります。

① 〈問い〉を考える（5分）

② 〈問い〉を交流し，再考する（10分）

③ 〈問い〉を黒板に書き，全体で検討する（15分）

④ 〈問い〉を再考する（5分）

⑤次時に取り組む〈問い〉を全体で交流し，決める（10分）

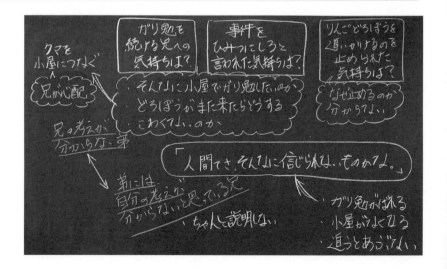

■ 〈問い〉の検討に特化した時間の板書

　①は，これまでの〈問い〉を参考にしながら，個々の〈問い〉をつくります。②・③での交流や検討では，〈問い〉の条件が判断の規準になります。②・③での交流や検討においては，得られる答えとして様々な解釈が話題となります。解釈が得られたことを成果とせず，④として，個々の〈問い〉を更新する機会を確保することが重要です。

　⑤は，④を引き継ぐ方向で次時を設定することもできれば，他の話題を探っていく方向をつくることもできます。

　写真にある授業は，登場人物を指定した〈問い〉の検討を行っています。〈問い〉を限定することで，〈問い〉の検討自体が焦点化し分かりやすくなります。登場人物を指定すると，物語全体の出来事や変化を整理するねらいもあります。なお，ここで扱っている登場人物は，それまで触れられていなかった人物として選んでいます。

　板書は主に，③の時点で書かれています。②の交流を経た〈問い〉を共有し，時系列に沿って板書します。随時，個々の得られる答えを確認しながら，新たに生まれる〈問い〉を確保していきます。

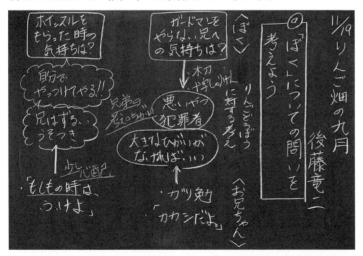

16 教師の役割① 〈問い〉づくりを念頭に教材分析をする

> 〈問い〉を観点とした教材分析において重要なことは，物語の空所に対する理解と言えます。読み手による意味付けや関連付けが求められる空所を捉えることで，学習者の〈問い〉が予想できます。

■ 物語の空所に着目した教材研究

〈問い〉づくりによって生まれる様々な〈問い〉に対応しそれに応じた学習計画を意図的に設計するためには，教材分析においても〈問い〉という観点が重要になります。

その中で，「空所」に着目した教材分析があります。空所概念は，W・イーザーに代表される読書行為論あるいは読者論がもつ理論です。イーザー（1982）は「特定の省略の形をとってテクスト内の飛び地（enclave）を作り出し，読者による占有をまつ」と述べています。[*13] また，鍛冶（1996）は，イーザーの「空所」を「無規定箇所」と置き換え，次のように述べています。[*14]

> 読者はテクストから一定の規制を受けつつ，Leerstelle（空白箇所）を想像力を働かせ次々に埋めながら，関係が規定されていない各部分を相互に関連づけてひとつの意味を構成するのです。

空所については，空所なるものの存在やその効果については概ね認識されている状況がありながら，基礎理論としての不安定さが指摘される面もあります。本書では，空所に関わる読みを，鍛冶の述べるような，物語の文脈に沿いながら，空白部分を埋め，関係付けられていない部分を関連付けるもの

として捉えています。

　空所が〈問い〉づくりにおいて重要な観点であるのは，まさに，読み手が立ち止まる箇所であるからです。読み手による意味付けや関連付けが求められる部分は，〈問い〉が生まれる箇所とも言えます。

　西田（2019）は，学習者に獲得される空所概念の検討を行っています。[15]西田は，その中で石黒（2008）の述べる予測の効果に着目して，実践化を試みています。[16]空所に関わる教材研究として，読みつつある学習者が予測を余儀なくされる箇所としてイメージすることもできるでしょう。

　たとえば，「ごんぎつね」に次のような部分があります。

> その明くる日も，ごんは，くりを持って，兵十のうちへ出かけました。

　物語の結末へ向かう部分です。直前に語られるごんの心情からは矛盾した行動があっさりと語られます。「引き合わない」と思ったごんは，なぜ兵十への関わり方を変えないのか，叙述には明示されていません。読み手は，その理由を必然的に補いながら物語の結末を引き寄せていきます。

　桃原（2018）は，教師が物語の空所に出会う一歩として次のように述べています。[17]

> 　これは，教師が教材にあたる際，一読者として作品世界に没頭する読みの中で，疑問に感じた個所の中から探すことができるかと思います。初読段階では，作品に対する疑問は数多く出るはずですが，空所は答えが教材文の中からすぐに見出すことができず，常識的な考えでは答えが導けないような疑問になります。作品内容から，きっとこういうことかなと推測して答えたような個所も，空所になるでしょう。

　物語の空所をある程度捉えることで，学習者の〈問い〉が予想されます。学習者が立ち止まらない空所を想定することも必要な準備と言えます。

17 教師の役割② 学習者の〈問い〉を提示する

> 〈問い〉づくりが，学習者主体の読みの学習であるからこそ，教師の働きが重要です。教師は，交流の前後にある「〈問い〉を契機とした学びの方向付け」を役割とします。

■ 教師が介入しない読みの交流を目指して

〈問い〉づくりは，学習者の〈問い〉づくり，あるいはその答えの交流が主な学習活動です。これらの活動において教師はできるだけ介入せず，個別の支援を積極的に行っていく必要があります。たとえば，読みの交流における会話の停滞は，必ずしも排除すべきものではなく，個々の解釈が熟考されている姿とも言えます。学習者の読み手としての立場を重視します。

だからこそ，教師の役割は交流の前後にあります。

■ 学習者が把握できる〈問い〉

教師は，学習者の〈問い〉を基本的には全て提示します。個々の学習者が生み出した〈問い〉が大切な学習の原動力であることの証です。学習者の〈問い〉は，毎時，一覧にして全て提示します。一覧は，たとえば，Ｂ５用紙の余白を裁断し，ノートに貼れるサイズにして配布します。用紙の色を変えていくことによって，〈問い〉の変化が分かりやすくなります。

ただし，一覧を印字したプリントには同じ内容を問うものを分類し，時には一括して作成した氏名のみ列挙する場合もあります。つまり，同じような〈問い〉は，代表する〈問い〉に集約するということです。

ここには，問う際に使用する言葉を整理するという利点があります。また，

登場人物や場面など，共通点を基に〈問い〉を分類して配列することで，問われている内容を整理することができます。でなければ，学習者の興味・関心は，叙述のあらさがしや身勝手な解釈を生むような方向へ傾き，教師の強引な軌道修正を余儀なくされる事態になります。

○月○日　ごんぎつね　　新美南吉

第1時の〈問い〉

・ごんは一人ぼっちなのか。
・なぜごんぎつねという名前なのか。
・なぜきつねはいたずらが好きなのか。
・ごんは人間の言葉を話せるのだろうか。
・なぜごんはいたずらばかりするのか。

・「兵十は火なわじゅうをばたりと落としました。」とありますが、この時、兵十はどのような気持ちだったでしょうか。
・なぜ兵十は火なわじゅうをばたりと落としてしまったのか。
・兵十は、なぜつぐないをするごんをうってしまったのか。

・なぜ村の人は、ごんのことを知っているのか。

・このお話はどのように続くでしょう。

・なぜごんは、うなぎのせいで兵十のお母さんが死んでしまったと思っているのか。
・自分のいたずらのせいで兵十のお母さんが死んでしまったと思っているごんはどんな気持ちか。
・ごんは何で兵十のおっかあが死んでから、兵十にくりや松たけをあげるようになったのか。
・ごんはなぜ兵十にくりやいわしをあげたのか。
・ごんはいたずらをしていたのに、なぜ兵十にくりや松たけをあげたのだろうか。
・ごんはくりと何を持って行ったのか。
・なぜごんは、かくれてくりや松たけを兵十に届けていたのだろうか。
・「あんないたずらしなけりゃよかった」とあるが、この時のごんはどんな気持ちだったのか。
・兵十のお母さんが死んだことが分かり、いたずらをしなければよかったと思ったごんは、兵十に何をしはじめたでしょうか。

・なぜごんは、うなぎを食べないでおいたのか。
・兵十はごんじゃなく、神様にお礼を言っているのに、なぜまた、くりなどを持っていくのか。
・ごんはなぜ兵十にうたれてしまったのでしょうか。
・ごんが目をつぶったままうなずいた時、ごんはどんな気持ちだったか。
・ごんは、なぜいたずらをしたいという気持ちから、兵十におわびをしたいという気持ちに変わったのか。
・ごんは最初、いたずらっ子で悪い性格でしたが、後からどのような性格になったでしょう。

18

〈問い〉づくりと交流の進め方

教師の役割③
次時に扱う〈問い〉を検討する

教師は，次時に扱う〈問い〉の検討において，コーディネーターとして重要な役割を担っています。また，学習集団の状況を判断し，〈問い〉の検討に特化した時間の設定を提案することもあります。

■ 〈問い〉の提示

学習者が提出した〈問い〉をどのような順序で扱っていくのかは，教材の分析に基づく作品の着眼点と指導内容，学習者の興味・関心の傾向を加味し

たデザインが必要です。もちろん，〈問い〉の順序は単元計画そのものであり，事前に確定できるようなものではありません。単元を進めながら主体である学習者の興味・関心を無視して決定することもできません。あくまで学習集団の読みに寄り添いながら決定されていきます。

扱う〈問い〉あるいはその順序をコーディネートする方法は，たとえば2つあります。

まず，次時に扱う〈問い〉の検討において，〈問い〉の分類と整理を意図的に行うことです。

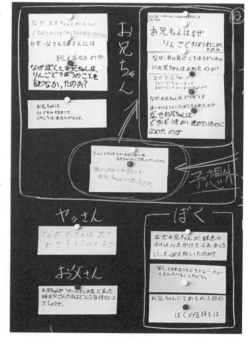

移動操作が容易な短冊の〈問い〉が分類・整理に便利であることは言うまでもありません。

　次に、「先生からの〈問い〉」という明確な挑戦状を学習者に届けることです。〈問い〉づくりに対する意識が高まっている集団であるほど、「先生からの〈問い〉」に対して興味・関心を示します。「先生からの〈問い〉」は、名前のない短冊として忍ばせておくという伝統的な裏ワザもあります。

　「先生からの〈問い〉」も、忍ばせる教師の〈問い〉も、乱発は本末転倒ですが、1つの見本が大きな効果を生みます。

■　問い方を学ぶ機会の設定

　〈問い〉の検討においては、いくつかの〈問い〉を比較して、生み出される解釈の差異を共有し、問い方を洗練する機会をつくることができます。その際に扱う〈問い〉は、共通点と相違点が明確であることが重要です。

　写真は、同じ場面に関していずれも描写を採り上げた学習者の〈問い〉AとBを提示しています。Aは情景描写として、視点人物の心情まで読み取ることのできる〈問い〉です。Bは、場面の様子、人物の動きに止まる問い方と言えます。

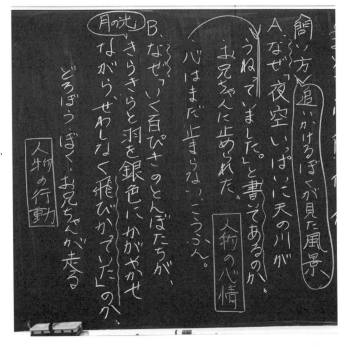

19

〈問い〉づくりと交流の進め方
3つのルートで〈問い〉づくりを始める

> 〈問い〉づくりが未経験の学習集団にとって共通する迷いは，「どんな〈問い〉がいいんですか？」です。この迷いを晴らす道筋は3つ，とにかく学習集団で一歩一歩進む開拓ルート，見本の〈問い〉を扱った体験ルート，明確に〈問い〉の良し悪しを示す直行ルートがあります。

■ 〈問い〉づくりにある学習者の迷い

　学習者が初めて〈問い〉を話題とした交流を行う場合，持ち寄る〈問い〉について感覚的に良し悪しを述べるしかない状態です。それでも〈問い〉をつくること自体のハードルは高くありません。〈問い〉づくりが，読み手としての物語に対する直観的な感覚的なイメージを表すことができるからです。

　学習の停滞が起こるのは，〈問い〉の検討においてです。もちろん〈問い〉づくりの4つの前提条件は，短冊や模造紙を使って可視化している状況が必要です。〈問い〉を話題とした交流における学習者の発話の質を高めるためには，〈問い〉そのものに対する理解と物語の解釈の蓄積が不可欠です。示した前提条件が有効になるのは，闊達な対話体験と解釈形成による達成感が得られたときです。

■ 開拓ルート

　読み手としての学習者あるいは学習集団にとって，読みの学習の主導権が自分たちにあることを実感できるルートです。ただし，前提条件を示されただけの学習者にとっては，当初〈問い〉の検討が机上の空論となり，話題についていけない学習者を生む可能性もあります。よって，疑心暗鬼ないくつ

かの〈問い〉に取り組む授業時数の余裕が必要です。

　単元の一次の前，〇次として既読の物語や当該学年より下学年の物語教材を扱うことを勧めます。高学年であれば，たとえば「おにたのぼうし」は扱いやすい物語です。「おにたのぼうし」は，答えの出ない〈問い〉を多く誘発する物語であり，〈問い〉によって物語の読みどころを引き出しやすい〈問い〉でもあります。前提条件ウ・エを実感できる物語と言えるでしょう。

■　体験ルート

　教師が用意した3つの〈問い〉を体験することで，比較的授業時数を使わずに〈問い〉づくりを実感できるルートです。この場合，物語に応じた3つの〈問い〉を教師が用意する必要があります。たとえば次のような3つです。

> A　大造じいさんは，どうやって残雪を治したのか。
> B　「大造じいさんとガン」は，約何年間のお話でしょうか。
> C　大造じいさんが残雪をうたないと決めたのはいつですか。[18]

　Aは，叙述を根拠に答えを出すことができない〈問い〉です。Bは，前提条件エに関する〈問い〉ですが，学びの広がり（2章10）をもっています。Cは，得られる答えが物語の重要な部分にかかわります。

　このようなA・B・Cの〈問い〉から得られる答えを比較し，4つの条件と照応させることで，目指す〈問い〉のイメージの土台ができます。

■　直行ルート

　学習者が疑心暗鬼の中，直観的に感覚的につくった〈問い〉に容赦なく〇を付けるルートです。学習集団の学びに向かう姿勢として，間違いを恐れず，集団で批判的に検討する姿勢が整っている場合に活用できます。短時間で最も分かりやすい判断規準を示すことになります。学習者は，〇が付いたあるいは付かない理由を，4つの前提条件から検討していくことになります。

20

〈問い〉づくりと交流の進め方

学年・学級に応じた単元構成を考える

〈問い〉づくりの向かうところは，価値ある〈問い〉の追究ですが，学年・学級に応じた学習計画の工夫が必要です。身に付けさせたい読みの力や作品の特徴を生かした〈問い〉づくりの形があります。それは，観点を絞った〈問い〉づくりです。

■ 〈問い〉づくりと指導内容と教材の特徴

〈問い〉づくりは，学習者の〈問い〉によって解釈形成が促され，読みが更新されていきます。〈問い〉づくりの４つの前提条件は，「価値ある〈問い〉とはどのような〈問い〉なのか？」へ向かうものです。４つの前提条件に学習者が条件を加えていくことで，２章11のような自分たちの価値ある〈問い〉の要件が生まれていきます。価値ある〈問い〉へ向かう学習は，２章19に示した３つのルートから学習計画を立てることで実現します。持ち込み教材やトピック単元を設定することも考えられます。

〈問い〉づくりにおいて，読解方略や読みの観点，学習用語といった読みの学習における指導内容は，〈問い〉に対する答えの共有や〈問い〉の検討の際に，指導することになります。ただし，価値ある〈問い〉へ向かう学習には，指導内容を組み込み難い側面があります。また，教材の特徴には，〈問い〉づくりに作用する部分と指導内容の扱いやすさに作用する部分があり，必ずしも一致しません。

〈問い〉づくりを，年間を通した指導計画の中で位置付けようとした場合は，〈問い〉づくりと指導内容と教材の特徴を加味した，単元の学習計画が求められます。

■ 観点を絞った〈問い〉と価値ある〈問い〉

　3章で示す5つの実践例を〈問い〉づくりという観点で図に示すと，次のようになります。

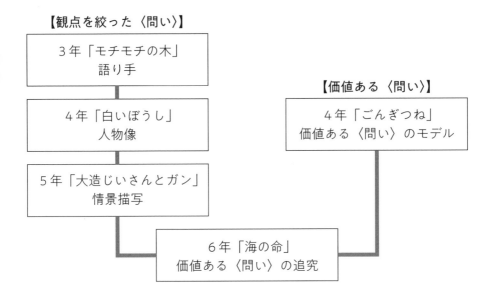

　〈問い〉づくりに観点を提示し，学習者の〈問い〉に一定の範囲を設けることで，〈問い〉づくりという言語活動の中でも，指導内容に沿った学習が行えます。観点を絞った〈問い〉づくりを学習計画に位置付ける際，単元全体の課題に設定する（3章　3年「モチモチの木」・4年「白いぼうし」），取り立てた時間の課題として設定する（3章　5年「大造じいさんとガン」）など，教材の特性や学級の実態に応じて工夫することができます。

　価値ある〈問い〉に特化した場合にも，学年の発達段階に応じた単元構成（3章　4年「ごんぎつね」，6年「海の命」）があります。

〈問い〉づくりと交流のある読みの学習のポイント

〈問い〉づくりの前提条件

ア．〈問い〉は，交流を通して答えを考える

イ．作品の読みどころを引き出すことを問う

ウ．叙述から答えられないことは問わない

エ．誰が読んでも答えが同じことは問わない

学習の流れ

① 〈問い〉を確認する

② 〈問い〉に対する答えを考える

③ 〈問い〉に対する答えをグループで交流する

④ 〈問い〉に対する答えをまとめる

⑤次時に取り組む〈問い〉を考える

⑥次時に取り組む〈問い〉を全体で交流し，決める

〈問い〉づくりと読みの交流の学習デザイン

第3章

４年　白いぼうし

■ 教材分析

①物語の特徴

　「白いぼうし」は，６月の暑い日にタクシードライバーの松井さんが出会う不思議な出来事を描いたファンタジー作品です。一読した子どもの印象に残るのは，後部座席に唐突に現れる女の子です。せかすようにタクシーを出発させ，まるでそこが目的地だったかのように消える女の子は，図らずも松井さんが助けた白いちょうだったのかという不思議が残ります。

②物語の空所

　五十嵐（2018）は，本作品の空所について次のように述べています。[*19]

> 　「白いぼうし」の最大の空所は，女の子の正体と言えます。作品中に女の子の正体が少年に捕まっていたちょうであるという確実な証拠は描写としてはありません。しかし，女の子が登場したタイミング，いなくなった場所，少年を見た時に松井さんをせかしたこと，野原から「よかったね」「よかったよ」という声が聞こえてきたこと等から，状況として考えると読み手としては，女の子＝捕まっていたちょうと捉えることが可能です。女の子の正体の根拠を交流することで，描写をつなげ空所を埋めることができると考えます。

　ただし，全ての子どもが易々と女の子と白いちょうを同一の存在と認めるわけではありません。教室の中には，女の子の存在を認め，白いちょうの舞う風景をその延長に捉えながらも，同じ存在であるとは納得しない子どもが

います。この点を問うことは，ある意味でファンタジー教材の読みとしての約束事とも言える読者の役割を認める重要な体験となります。それは，妥当性と一貫性，物語を物語として成立させる読者の役割を果たすことにつながります。

■ 学習者の〈問い〉

「白いぼうし」において子ども達は，松井さんと女の子，語り手という関係の中で，〈問い〉に対する自らの解釈をもつことになります。

松井さんに対して「優しい」といった安易な人物像だけを作り上げるような読みに対して，疑問をもつ〈問い〉も必要です。従来，本作品を扱った学習は，松井さんに着目し，人物像をまとめていくような読みの学習が行われています。人物像という学習用語の定着を含め，重要な学習活動と言えるでしょう。そこでは，松井さんの行動や人物のかかわりを丁寧に整理することが求められます。

また，ファンタジーにつながる要素について自身のイメージを子ども達が個々にもちます。子どもの〈問い〉が，先述したような先入観や直観的な印象に止まらないように注視する必要があります。このような子どもがもつイメージは〈問い〉づくりの前提条件ウ．叙述から答えられないことは問わないにかかわるような〈問い〉として表れることも多く，ウを共有する機会ともなります。夏みかんについては，冒頭と終末を関連付けることで，作品の構造やファンタジーを問う要素にもなり得るでしょう。

なお，本作品には登場人物あるいは語り手の視覚が読み手に委ねられているような語りがあります。1章・2章で示した「やなぎのなみ木が，みるみる後ろに流れていきます。」という語りがそれにあたります。1章では，このような描写を描出表現と述べ，読みの交流を促す要素として挙げています。終末の夏みかんに関する一文も同様と言えます。学級の実態に応じて，語り手の立場を意識できる〈問い〉も有効になるでしょう。

■ 本単元における〈問い〉づくりと交流場面の設定

①本単元の〈問い〉づくり

> ### 登場人物の人物像にかかわる〈問い〉づくり

　本実践での〈問い〉づくりは，登場人物にかかわることに焦点化していきました。教材「白いぼうし」については，多くの子どもの注目が松井さんあるいは女の子に集中することが予想されます。登場人物に注目が集まる教材だからこそ，人物像やそれぞれの立場等に関する〈問い〉をつくる体験ができるチャンスです。

　様々な〈問い〉と答えを積み重ねながら多面的な松井さんの人物像を捉えていくこと，女の子の立場でこの物語全体を捉える機会となる〈問い〉を設定していくことが求められます。〈問い〉を登場人物ごとに分類・整理すれば，それぞれの立場を意識した解釈が期待できます。女の子の正体や松井さんの行動など，松井さんの人物像を多面的に捉えるための要素を蓄積した後に，松井さんの人物像にかかわる〈問い〉を配置することも考えられるでしょう。

　なお，高学年や〈問い〉づくりの経験が豊かな学級では，物語の構造やテーマにかかわるような，登場人物に分類できない〈問い〉も提出されます。

　本実践の学級は，本教材で初めて〈問い〉づくりを経験する学級です。

②本単元で提示したい「価値ある〈問い〉」の視点

> ・登場人物のことをたくさん説明したくなる〈問い〉
> ・気が付かなかった登場人物の特徴が見つけられる〈問い〉
> ・〈問い〉は，交流を通して答えを考える（前提条件ア）
> ・叙述から答えられないことは問わない（前提条件ウ）

【単元の目標】

　物語の〈問い〉をつくることを通して，登場人物の様子や言動の特徴に気付き，人物像を考えることができる。

【単元計画】　※〈問い〉は単元を進める中で決まったものです。

時	学習活動	留意点
1	・「白いぼうし」を読み，初読の〈問い〉をつくる。	・〈問い〉は黒板掲示用の短冊に書くよう指示する。
2	・初読の〈問い〉を分類し，次時に取り組む〈問い〉を検討する。	・人物に注目できるように分類していく。
	価値ある〈問い〉で物語を読もう―登場人物に注目して―	
3	〈問い〉女の子は何者なのか	・女の子＝白いちょうを前提とせずに，検討していく。
4	〈問い〉女の子はなぜ途中でタクシーをおりたのか	・菜の花横丁≠菜の花橋から，途中下車の理由を考えさせる。
5	〈問い〉このお話のファンタジーはどこか	・女の子，白いちょう，夏みかんといった要素を基に，ファンタジーの入り口・出口にも注目させる。
6	〈問い〉松井さんはどんな人なのか	・できるだけ多くの言葉で説明できるようにする。
7	・登場人物を選んで人物像を発表する。	・選択した人物について〈問い〉と答えを使ってまとめさせる。

■ 授業の実際（第一次第1時）

① 「題名読み」をする（10分）

　まず，「白いぼうし」という題名から物語の内容を想像しました。題名読みは，対象作品を既読の子どもがいた場合にも有効です。どんな物語だったのかを想起したり，読んでいた時の印象を呼び起こしたりすることができます。題名読みでの，素朴な想像が〈問い〉づくりのきっかけになることもあります。

　〈問い〉をつくるためには，物語の内容に対して受け身であってはなりません。導入では，様々な工夫によって，積極的に物語にかかわろうとする姿勢をもたせます。それは，〈問い〉づくりでも変わらないことです。

②範読による初読から〈問い〉をつくる（20分）

　ここで初めて〈問い〉をつくる子どもに，次のようにもちかけました。

Ｔ：物語についての問題をつくってみましょう。

Ｔ：今から先生が物語を読みます。気になったことや不思議に思ったことから，問題をつくってみましょう。

Ｔ：つくった問題の答えが分からなくても大丈夫です。問題は，学級のみんなで話し合いながら答えを探しますよ。

　〈問い〉を短冊（画用紙）とノートに書き，その〈問い〉をつくった理由はノートに書くことを指示し，範読を始めました。また，自分で答えが考えられる場合にはノートに書いておくことも確認しています。これは，2章19で示した開拓ルートの導入と言えます。

　〈問い〉・〈問い〉をつくった理由に加えて，初読の感想を子どもに求めることもあります。

③初読の〈問い〉を考える（15分）

子どもの初読の〈問い〉は次のようなものでした。※Fは教師の〈問い〉

【女の子】
・女の子は何者なのか
・女の子はちょうなのか
・なぜ女の子がきえたのか
・なぜ女の子はタクシーをおりたのか
・女の子は松井さんに気付かれずにどうやってタクシーをおりたのか
・なぜ女の子はいなくなったのか

【松井さん】
Aなぜ，松井さんもお客のしんしも白いシャツを着ているのか
・松井さんはどうして白いぼうしの中に夏みかんをいれたのだろう
・松井さんにはどうして「よかったね。」「よかったよ。」という声が聞
　こえたのか

【ちょう】
・シャボン玉のはじけるような小さな小さな声は，どういう声なのか
・なぜちょうはそこに集まっているのだろう

【男の子】
・夏みかんを見た男の子は，おどろいていたのだろうか
・男の子はなぜお母さんを連れてきたのか
B男の子の名前は

【その他】
C6月なのにどうして夏みかんなのか
Dファンタジーはどこから
Eこのお話にファンタジーはあるのか
Fたけのたけおくんに兄弟はいるのか

■ 授業の実際（第一次第2時）

◎初読の〈問い〉の傾向

　ここでの初読の〈問い〉は，当初から登場人物にかかわる〈問い〉が多く見られます。教材の特性を受けているとも言えますが，小学校段階での子どもの〈問い〉は，概ね登場人物に注目したものが多くなります。

　本実践では，特に女の子への〈問い〉が多く集まったところに特徴があります。このような実態からも，松井さんに注目した読みを押し付けることへの違和感は明らかでしょう。

　Aの〈問い〉は，白という本作において重要な色彩にかかわるものです。しかし，〈問い〉をつくった子どもが想定した答えは，「白いシャツがふつうだから」というものでした。この〈問い〉の可能性を認めれば，本作において白が象徴することを検討していくことになります。しかし，子どもの実態からは扱いきれない〈問い〉と言えます。

　Bの〈問い〉は，前提条件エ．誰が読んでも答えが同じことは問わないに当たります。ただし，すぐにこの前提条件を共有するかどうかは，学級の実態を加味する必要があります。本実践では，エ．誰が読んでも答えが同じことは問わないを共有する機会はありません。

　Cの〈問い〉は，夏という言葉に引き寄せられた誤解と言えます。このような〈問い〉は，言葉調べを蓄積することで解消することができます。

　D・Eの〈問い〉は，読みの力が高い子どもの〈問い〉です。女の子とちょうの関係に着目しながら，ファンタジーという言葉で〈問い〉をつくっているため，すでに作品の構造を捉えている可能性もあります。ただし，D・Eの〈問い〉を早々に扱ってしまわないような注意が必要です。学級全体の理解が追い付いてから機会を設定できるよう，意図しておくことになります。

　Fの〈問い〉は，教師の〈問い〉です。Fは，前提条件ウ．叙述から答えられないことは問わないを共有するために，作成したものです。

①初読の〈問い〉を共有する（15分）

　初読の〈問い〉を共有するために，一覧を配布しました。子どもに提示した一覧は，2章17のような登場人物ごとにまとめた配列で示しています。本実践では，登場人物にかかわる〈問い〉に焦点化した〈問い〉づくりを行うために，当初から子どもの注目を登場人物へ促しているのです。

T：みんなのつくった〈問い〉から感じたことをペアで話し合いましょう。

　一覧を見ながら，子ども達がまず気になるのは，自分の〈問い〉が全体の中でどう位置付いているのかです。同じような〈問い〉はあるのかと，多数派の安心感を得ようとする子どもは少なくありません。

　その後，印象を述べ合うペアの発話は，おのずと友達の〈問い〉の答えに向かいます。友達の〈問い〉を見た次の瞬間に，答えを考えている子どもがほとんどです。物語の感想を交流する場合と違い，〈問い〉という短い言葉に凝縮されているため，友達の考えを捉えやすいことが一因でしょう。

②単元の課題を設定する（10分）

　子どもは自分たちの〈問い〉の一覧から，興味深い〈問い〉を見つけていきます。自分たちの〈問い〉で授業を進めていけることを称賛することで，単元の課題設定ができます。

　ここで，〈問い〉づくりの前提条件 ア.〈問い〉は，交流を通して答えを考える を提示します。模造紙には，「〈問い〉づくりのポイント」と題し，アを書いています。余白を指しながら，「学習を進めながら，みんなでポイントを見つけていきましょう。」と呼びかけます。さらに，Fの〈問い〉「たけのたけおくんに兄弟はいるのか」に注目させます。

T：先生がつくった〈問い〉は，学習の中では選ばれない〈問い〉です。なぜだと思いますか？

発問の後，すぐに子どもは，「お話と関係ないから」，「正解が分からないから」，「どうでもいいことだから」と発言していました。さっそく，模造紙のアのとなりに書き加えます。教師の〈問い〉が意図的に分かりやすいものであることで，子ども達は，ウ．叙述から答えられないことは問わないを自然に理解します。ただし，実際には前提条件ウにかかわる〈問い〉は多く，その都度注目させながら話題にする必要があります。

　ウ．叙述から答えられないことは問わないやエ．誰が読んでも答えが同じことは問わないは，具体的な〈問い〉を検討することで，浸透していきます。

　特に，イ．作品の読みどころを引き出すことを問うは，第4学年の子どもにとっては難しい考え方です。〈問い〉づくりを進める中で，実感が得られる機会に提示します。対象学級では，2学期「ごんぎつね」において，ごんのつぐないの意味を検討する〈問い〉を経て，提示しています。

　なお，実践の時点で対象学級では，「交流」という用語を使用していません。学級の実態に応じて，提示する言葉を工夫しています。

　この後，登場人物についての〈問い〉が多いことに注目させて，今回は登場人物についての〈問い〉で物語を読んでいこうという提案をしています。

> 価値ある〈問い〉で物語を読もう！　―登場人物に注目して―

③次時の〈問い〉を設定する（20分）

　登場人物にかかわる〈問い〉から「価値ある〈問い〉」を考えるという枠組みの中で，この規準を具体的にしていくことが，本実践での問い方の学びになると言えるでしょう。

　次時に取り組む〈問い〉について，一覧を見ながら全体で話し合いました。子どもの次のような話し合いから次時の〈問い〉が決定していきました。

C1：女の子の〈問い〉が多いから，女の子の〈問い〉をやってから，他の

　　　　登場人物の〈問い〉をやればいいと思います。

C2：C1の意見に賛成で，その後，松井さんとちょうと男の子の〈問い〉
　　　をやればいいと思います。

C3：ちょうの〈問い〉はいらないっていうか，ちょうの〈問い〉って女の
　　　子の〈問い〉だからいっしょでしょ。女の子がちょうだったんだから。

C4：私は，C3の意見に反対です。女の子がちょうだったとは決まってな
　　　いと思います。

C5：僕は，女の子はちょうだと思うんだけど，まあそれは，今度話し合え
　　　ばいいとして，登場人物の〈問い〉ってことは，ファンタジーはある
　　　のかとかの〈問い〉はいらないと思います。

C6：私も，C5と同じで，それはみんなで話し合えばいいことだと思うの
　　　で，だから，やっぱり，女の子の〈問い〉っていうか，女の子は何者
　　　なのかっていう〈問い〉を先にやればいいと思います。

C7：明日は，女の子の〈問い〉っていうのはいいんだけど，C5が言った
　　　ファンタジーの〈問い〉はいらないっていうのには，反対です。まあ，
　　　ぼくの〈問い〉なんですけど，これは，女の子に関係のある〈問い〉
　　　なんですよ。だから，いるんです。

T　：〈問い〉は，次回もつくります。だから，必要だと思う〈問い〉は，
　　　つくり続けてみるのもいいですね。では，女の子の〈問い〉という意
　　　見が多いので，次の時間は女の子の〈問い〉の答えを考えていくこと
　　　にしましょう。女の子の〈問い〉の中ではどれを選びますか？

　この後，女の子の〈問い〉の中で取り組むものを話し合っていきました。
この時点では，〈問い〉づくりの前提条件はそれほど意識されていません。女
の子の〈問い〉を選ぶ話し合いは，〈問い〉の答えを想定した比較によって進
みました。結果的に，「『女の子は何者なのか』を考えれば，その他の〈問い〉
の答えも分かる」，「もし，それでも分からないことがあったら次の〈問い〉
にすればいい」という意見から，「女の子は何者なのか」に落ち着きました。

■ 授業の実際（第二次第3時）

> 〈問い〉 女の子は何者なのか

① 〈問い〉を確認する（5分）

　前時，すでに「女の子＝ちょう」という意見は発言されています。それに賛同する子どもも多くいる中，「話し合わないと分からない」という子どもがいたことで，この〈問い〉を扱うことになりました。

　本時の〈問い〉の確認をするために，このような前時の話し合いを振り返ることも有効です。実践では当日の日直係がこの役割を担いました。日直係の振り返りでは，〈問い〉が決まるまでの話し合いが大まかに発表され，女の子をちょうとするのか，否かという二項対立が明確になりました。

　この時点で「女の子＝ちょう」と考える子どもが学級の大多数を占めていました。

② 〈問い〉に対する自分の考えをもつ（5分）

　〈問い〉に対する自分の考えをノートに記述する際，答えの説明を加えることを確認しました。二項対立を明確にしたため，「ちょう」あるいは「ちょうではない」という端的な答えに終始する恐れがあるからです。ここでは，「女の子＝ちょう」が，納得できない友達が納得できる説明ができるようにしようと促しています。

　ちょうという考えについては納得できないが，自分の考えとして記述できないという子どもが数人いました。滞っている子どもに対しては，ちょうだと言いきれない理由や納得できない理由を探すよう声をかけています。

③ 〈問い〉に対する答えをグループで交流する（10分）

C1：じゃあ，女の子がちょうじゃないっていう人はいる？　はい，いない。

Ｃ２：終わった。全員ちょうということで。

Ｃ１：いやだめでしょ。他の班とかの納得できない人ができるように，説得できる説明を考えようってことでしょ。

Ｃ３：私は，松井さんがちょうを逃がしちゃったすぐ後にタクシーに乗ってるでしょ。だから，女の子がちょうに化けて乗ってるってことでしょ。

Ｃ４：でも，それだけだと，たまたまもあるじゃん。そもそも，なんでタクシーに乗るんだってことじゃない。せっかく逃げたんだから飛んでいけばいいよね。

Ｃ２：Ｃ４って，反対派？

Ｃ４：いや，ちがうって。ちょうだとは思うよ。

Ｃ１：なんでタクシーに乗ったのか説明ができないってことでしょ。行き方が分からないからでしょ。菜の花横丁だっけ。

Ｃ２：菜の花横丁ってないわけでしょ。菜の花橋になってるし。

Ｃ３：でも行き方が分からないから，タクシーに乗ったっていう説明はいいんじゃない。

Ｃ４：いや，でもさ。迷子でしょって言ったらどうするの？　たまたま乗った迷子かもって，誰か言ってたよね。

Ｃ１：最後のところは迷子じゃないでしょ。「ふり返っても，だれもいません。」って書いてるでしょ。迷子だと怪しすぎるでしょ。

Ｃ２：分かった。お金持ってないから逃げたんだ。

Ｃ４：お前こそ反対派か。お金がないから逃げたとか変でしょ。

Ｃ１：途中で降りてるのが変なんだよ。タクシー乗ったことある？　タクシーってさ，ドアを開けるのは，運転手なんだよ。だから，人間が途中で降りるのは無理なんだよ。ちょうなら窓から出られるでしょ。

　例示したグループの交流は，全員が「女の子＝ちょう」という立場で行っています。ただし，４名の理解には差があり，Ｃ２・Ｃ３は交流前のノートには，答えをちょうとした理由が記述できていませんでした。

C1は，司会的な立場から納得ができる説明を考えようと促しています。このグループの場合，C4の「せっかく逃げたんだから飛んでいけばいい」や，C2の「お金持ってないから逃げたんだ」に答えようとしたことで，読みが深まっています。

④〈問い〉に対する答えを全体で交流する（5分）

　全体での交流では，「女の子＝ちょう」とは思えないという子どもが2名いました。全体での交流でも，例示したグループと同じように，たまたま乗ってきただけなのかもしれない説や料金を支払うお金がない説が発表されました。物語の読み手としての姿勢にもかかわりますが，物語の文脈を逸脱した身勝手な答えをもとうとする読み手の成長は重要な課題です。どのような場合でも，読みの学習は，叙述を基にした解釈を求めていくことが必要です。その都度，〈問い〉づくりの前提条件ウ．叙述から答えられないことは問わないに照らし合わせていきます。

　ここでは，次の叙述から女の子の様子や行動が整理されました。

> ・「早く，おじちゃん。早く行ってちょうだい。」
> ・松井さんはあわてました。
> ・「…，菜の花横丁ってあるかしら。」「菜の花橋のことですね。」

　これらの叙述から，女の子が急いでいるのは確かであること，女の子は急にいなくなったこと，女の子の知っている場所と松井さんの知っている場所が違うことが話し合われました。

　全体での交流の最後は，次のような発話によって「女の子＝ちょう」の議論がまとめられていました。

C：女の子がちょうだったとすると，女の子の様子とか行動とかを全部説明
　　することができると思います。何かから逃げていて，急いでいたという

意見があったけれど，それは自分をつかまえた「たけのたけおくん」だと考えれば，すごく分かりやすいと思うんです。

⑤ 〈問い〉に対する自分の考えをまとめる（5分）

　交流を経て自分の考えをまとめた子どもの記述は，話し合いの過程を踏まえたものが多く，「女の子＝ちょう」が納得された以上に，女の子の様子や行動を説明することができていました。ただし，「みんなの話はよく分かったけど」と腑に落ちない子どもも残っていました。

⑥次時に取り組む〈問い〉を考える（5分）

　次時の〈問い〉として松井さんや男の子についての〈問い〉が，初読の〈問い〉から続けて提出されていましたが，「女の子＝ちょう」についての話し合いの中で違和感が残った点に注目した〈問い〉が多く出されました。

⑦次時に取り組む〈問い〉を全体で交流し，決める（10分）

　女の子がちょうであったとしても，途中で降りたことの説明にならないと考える子どもが多くいました。もう少し女の子のことを話し合いたいという意見が多く出され，その中で，次のような女の子がタクシーを降りたタイミングに関する〈問い〉，女の子と松井さんの知っている地名の不一致に関する〈問い〉に絞られました。

・女の子はなぜ途中でタクシーをおりたのか
・菜の花橋と菜の花横丁は同じ場所なのか

　女の子と松井さんのことを混ぜて考えたくないという意見から，「なぜ女の子はタクシーをおりたのか」が採用されました。

■ 授業の実際（第二次第4時）

> 〈問い〉 女の子はなぜ途中でタクシーをおりたのか

① 〈問い〉を確認する（10分）

　〈問い〉「女の子はなぜ途中でタクシーをおりたのか」は，前時の〈問い〉「女の子は何者か」の延長線上にあったものです。「女の子＝ちょう」について納得のできる説明を探す中，子ども達が価値付けた新たな〈問い〉と言ってよいでしょう。すでに「女の子＝ちょう」を説明するための叙述やその解釈を共有している学級では，問題を整理することで〈問い〉に対する自分の考えをもつことができるかもしれません。

　しかし，「女の子はなぜ途中でタクシーをおりたのか」にかかわるこれまでの話し合いは，①女の子は，ふたたび近づいてくる男の子から逃げようとしていた，②逃げるだけではなく行きたいところがあったためタクシーに乗った，③ただし，菜の花横丁はないようであった，というものです。これらの考えは，前時のグループや全体での交流の際，断片的に交わされたものだったため，印象の程度に差があることが予想されました。

　そこで，本時の〈問い〉を確認した後，「そもそも女の子はなぜタクシーに乗ったの」と，教師から問いかけました。学級全体から意見を拾いながら，板書でタクシーに乗る女の子の状況を整理することができました。

② 〈問い〉に対する自分の考えをもつ（5分）

　〈問い〉に対する自分の考えを記述できない子どもが，若干名いました。その子には，タクシーの移動を地図に書きながら考えをまとめるよう促しました。また，女の子がタクシーに乗るところにあるもの（白いぼうし，夏みかん，男の子）を一緒に確認し，どこへ向かって動き出したのか，松井さんや女の子の会話は吹き出しにして書いておくように，指示しておきました。

タクシーの移動と松井さんと女の子の目的地の差異は，図示することで明確になります。自分の考えがまとまらない子どもには，後の全体での交流での板書の整理を先取りした指示を与えていることになります。

③〈問い〉に対する答えをグループで交流する（7分）

C1：まずさ，聞きたいことあるんだよね。女の子っていうかちょうは，菜の花横丁に行きたかったんだよね。

C2：そうでしょ。でも，松井さんが知らなかったんでしょ。

C1：それさあ，松井さんが知らないのか，もうないのかって重要な気がするんだけど。

C3：松井さんは一応タクシーの運転手だから，場所にはくわしいってことでしょ。だから，知らないっていうか，ないんじゃないの。

C2：じゃあ，女の子が間違えてるってこと？

C3：女の子が思った場所はなくて，それが菜の花橋だっていうのも松井さんが思っただけだよね。

C2：そうそう。そこで女の子は何にも言ってないしね。まあ，女の子には分かんないってことでしょ。

C4：菜の花橋は，松井さんが向かっていたところで，女の子が行きたいところじゃないってこと。「よかったね。」「よかったよ。」って，「よかったよ。」は女の子だったちょうが言ってるわけでしょ。ってことは，仲間に会えてよかったって話じゃん。

C1：そういうこと？　逃げられてよかったねってことじゃないの？

C2：それ，同じ意味でしょ。結局，会えた的な感じでしょ。

C3：じゃあ，女の子は仲間を探してて，見つけたから急にいなくなったってこと？

④〈問い〉に対する答えを全体で交流する（10分）

　ここでは，先述したように板書で位置関係を図示しながら発言を整理して

いきました。女の子が乗った場所からタクシーの松井さんが向かう場所へ矢印を引きながら，途中，女の子がいなくなった団地を書きます。もちろん，先ほど，自分の考えをまとめられずにいた子どもを指名し，発言を促しています。

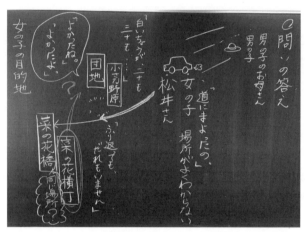

女の子が急にいなくなった理由については，例示したグループのように，仲間を見つけたからという意見が納得されていました。本時の課題については，概ね答えの材料が共有されましたが，話し合いの後半には，次のような話題があがりました。

C1：女の子は，団地の場所を菜の花横丁って名前だと思っていたから，松井さんには通じなかったんだと思います。

C2：C1とちょっと違って，私は，昔はあったってことだと思います。

C3：C2の意見だと，女の子，何歳だって話になっちゃうから変だと思います。松井さんが知らないぐらい昔って，ちょうより人間の方が長生きなはずなのに，おかしいと思います。

C4：私は，C2に賛成です。団地があるところには，昔，菜の花横丁があって，もっと大きな菜の花畑があって，たくさんのちょうがいたんだと思います。

⑤〈問い〉に対する自分の考えをまとめる（5分）

　女の子について次のような説明の言葉が多く記述されていました。

> ・仲間に会おうとしていた
> ・場所にくわしくなかった
> ・タクシーに乗るのは菜の花横丁という名前は知っていたから
> ・ドアが開かなくてもちょうは窓から逃げることができる

⑥次時に取り組む〈問い〉を考え，全体で交流し，決める（8分）

　次時の〈問い〉については，松井さんは女の子をどう思っているのかという〈問い〉への意見が強くありました。しかし，本時の〈問い〉によって生まれた女の子の説明に対する違和感が，新しい〈問い〉として対抗していました。それは次のような〈問い〉です。

> ・「女の子が知っていた菜の花横丁とは何なのか」
> ・「なぜ，菜の花横丁を松井さんは知らないのか」

　これに対して，さらに次のような発言が注目されました。

Ｃ：今，女の子についての〈問い〉をやったけど，そもそもこのお話はファンタジーなんだから，ちょうは長生きでいいんだよ。ファンタジーの中では不思議なことが起こるんだから。問題は，このお話が全部ファンタジーなのか，女の子のところだけなのかだと思います。そこがはっきりしないと，松井さんもどんな人か分からないと思います。

　この発言から「このお話のファンタジーはどこか」という〈問い〉が採用されました。

■ 授業の実際（第二次第5時）

> 〈問い〉 このお話のファンタジーはどこか

① 〈問い〉を確認する（10分）

　初読の〈問い〉から出し続けられていたこの〈問い〉は，ファンタジー世界の住人としての女の子と現実世界の松井さんという人物像にかかわる〈問い〉として採用されています。

　〈問い〉「このお話のファンタジーはどこか」は，〈問い〉を決める際，松井さんにかかわる〈問い〉に傾きかけたところに出された新しい視点と言えます。ファンタジーは，多くの子どもにとって，言葉として知っている程度のものでした。物語をファンタジーとして，位置付けることでどんな読みが得られるのかという見通しは，ほとんどないと言ってよいでしょう。

　ファンタジー構造によって登場人物を説明していくためには，ファンタジーの入り口・出口を考えることが求められます。

　そのために，導入では，まずファンタジーを学習用語として提示します。ファンタジーの特徴として，現実には起こらないことが起こるお話というだけでなく，不思議なことがたくさん起こるからこそ，不思議なことにはつながりや意味があることを伝えます。ファンタジー世界での非現実性については，「お手紙」や「スイミー」など，既読の教材を例にすることで，イメージがもてるでしょう。重要なことは，非現実でありながら，なんでもありではないということです。設定や展開に応じて，非現実の中での約束事がしっかりと守られながら，ファンタジー世界がつくられていきます。ここで，全体に入り口・出口という考え方も伝えています。

　次に，ファンタジーと思える部分をペアで探す活動を行いました。前時からの解釈の積み重ねによって，女の子が出てきたところやちょうの「よかったね。」「よかったよ。」の声は，ファンタジーの要素として多くの子どもが

理解していきました。

　続けて，現実の出来事と思える部分をペアで探す活動を行いました。作品の冒頭からお客のしんしや男の子にかかわる部分が挙げられました。

② 〈問い〉に対する自分の考えをもつ（5分）

　自分の考えを記述する前に，導入での活動を生かして，「教科書にこのお話のファンタジーはどこからどこまでか線を引いておきましょう」と指示しました。本時の〈問い〉に迫るための争点を明確にする必要があったからです。子どもは教科書に線を引き，その理由をノートに記述していきました。

③ 〈問い〉に対する答えをグループで交流する（7分）

C1：ファンタジーは，女の子が出てきてからだから，「車にもどると」の前に線を引いたんだけど，どう？

C2：女の子はちょうなんだから，ちょうが出てきたところからじゃないの？　松井さんが帽子を上げたところ。

C3：私もそこにした。それで，最後もちょうが出てるから，線が1本しか引けてないんだよね。

C4：最後もファンタジーだからいいと思うよ。だって「よかったね。」「よかったよ。」って，ちょうがしゃべってるし。絶対ファンタジーでしょ。

C2：じゃあ，最後はいいとして，最初はどこからにするの？　C1はちょうが出たところじゃダメなの？

C1：いや，だめっていうか，そしたらその後出てくる男の子とか，お母さんとかはどうなっちゃうのかなと思って。たけのたけおくんは，絶対現実の幼稚園児でしょ。女の子が出てきたところにすれば，ごちゃごちゃしないかなと思って。

C3：あっ，タクシーの中だけファンタジーっていうのどう？

C4：松井さんもファンタジーの中の人になっちゃうじゃん。

C3：だめなの？　まあ，お客のしんしは現実的だよね。なんかサラリーマ

ンって感じ。

C2：いや，ちょうがしゃべってるの，タクシーの外だし。

C1：でも，それを聞いた「松井さんには，こんな声が聞こえてきました。」だから，松井さんはタクシーの中だよ。

④〈問い〉に対する答えを全体で交流する（8分）

　全体の話し合いでも，ファンタジーの出口は最後までという意見が多く出されました。話し合いの中心は，入り口はどこなのかです。主に，女の子の登場とするか，ちょうの登場からすでにファンタジーなのかというものです。

C1：ちょうは現実の中での姿だから，女の子に化けてるところからがファンタジーだと思います。

C2：私は，最後は，ちょうの姿でしゃべっているので，ちょうの姿が必ず現実とは限らないと思います。

C3：ちょうの「よかったね。」「よかったよ。」は，ファンタジーの中でのことだから，別に話していても変ではないし，ここで「よかったね。」「よかったよ。」がないと女の子がちょうだったって分からなくなると思います。

C4：松井さんは現実の人なんだけど，ファンタジーの中で出会った不思議なことが，化けた女の子とか，女の子が急にいなくなるとか，ちょうの声が聞こえてしまうとかっていうことだと思います。

C5：C4の意見に少し反対で，ファンタジーのことはいいんですけど，松井さんは，女の子がちょうとは気付いていないと思います。勘が鋭い感じがしないので。

　話し合いの最後に，「『ファンタジー』という言葉を使って，昨日，話題になっていた菜の花横丁と菜の花橋のちがいを説明できる人はいますか？」ともちかけました。C6が次のように述べています。

C6：このお話の中でちょうが，ファンタジーの生き物だとすると，長生き
　　でも不思議はなくて，やっぱり仲間がいた団地が昔は菜の花横丁だっ
　　たということで，ちょうは，なんか自然の精みたいな感じでいいと思
　　います。

⑤〈問い〉に対する自分の考えをまとめる（5分）

　本時の〈問い〉は，「このお話のファンタジーはどこか」だったため，子ど
もは叙述を示して答えとしていました。その中では，女の子に関する不思議
をファンタジー世界の住人とすることで解消している説明が多くありました。

⑥次時に取り組む〈問い〉を考え，全体で交流し，決める（10分）

　話し合いの前に，本時の〈問い〉は，気付かなかった登場人物の特徴が見
つけられる〈問い〉として，称賛され，〈問い〉づくりの規準が増えました。

　短冊に書かれた〈問い〉は，松井さんに関するものばかりだったため，次
時の〈問い〉は松井さんに関するものということが早々に決まりました。

　・松井さんは，女の子のことをどう思ったのか
　・松井さんは，どんな人なのか
　・松井さんには，どうして「よかったね。」「よかったよ。」が聞こえたのか
　・松井さんは，どうして夏みかんを白いぼうしにいれたのか
　G 松井さんは，いつからタクシーの運転手なのか

　この時点でもGのような〈問い〉づくりの前提条件ウにかかわる〈問い〉
をつくる子どもはいます。しかし，〈問い〉づくりの学習が進んだことで，
Gのような〈問い〉は話し合いの中で淘汰されるようになっています。

　これまで松井さんのことについての〈問い〉がなかったため，ここでは，
出されたものに全て答えるような〈問い〉に注目が集まり，「松井さんはど
んな人なのか」が採用されました。

■ 授業の実際（第二次第6時）

> 〈問い〉 松井さんはどんな人なのか

① 〈問い〉を確認する（5分）

　松井さんに関する〈問い〉はこれまでなかったものの，物語全体の展開やファンタジー構造，女の子とのかかわりについてはすでに話題になってきています。ただし，〈問い〉の文言はざっくりとしたものであるため，導入において，答え方の方向性をもたせる必要があります。

　まず，「松井さんはどんな人か」が分かる叙述を明確にしていきました。ペアの活動として，「松井さんがどんな人なのか，分かるところにサイドラインを引きましょう。」を指示しています。

　次に，サイドラインを引いた叙述を発表させ，黒板に列挙していきます。発表の際は，叙述とともに松井さんのどんなことが分かりそうか，付け加えるようにさせます。また，叙述は事前に印刷し，短冊にしておきます。多くの短冊が必要ですが，時間の短縮と話し合いの焦点化は，〈問い〉づくりにおいて重要なポイントです。

② 〈問い〉に対する自分の考えをもつ（5分）

　多くの子どもは，白いぼうしを介した男の子とのかかわりから，松井さんの人物像を説明していました。また，これまでの学習から女の子とのかかわりについての説明も多くみられました。

③ 〈問い〉に対する答えをグループで交流する（10分）

C1：私は，松井さんはとても優しい人だと思います。お母さんに送ってもらって気に入っていた夏みかんを男の子のために置いてあげたからです。

Ｃ２：私も，Ｃ１と同じで優しい人なんだと思います。女の子になったちょうを助けてあげたからです。松井さんが優しい人だから，最後にちょうの小さな声を聞くことができたんだと思います。

Ｃ３：いい人じゃないとは思わないけど，ちょっと違う気がします。よく読んでほしいんだけど，松井さんは，ちょうを助けようとはしていなくって，飛んでいくちょうをぼうしでまた捕まえようとしてるんだよね。だから，ちょうが助かったのは，たまたまでしょ。

Ｃ２：なるほど。それはそうかも。

Ｃ３：夏みかんを置くのも，ちょっといたずらっぽくない？

Ｃ４：確かに，なんか男の子のリアクションを楽しみにしてるしね。

Ｃ３：そう，絶対，松井さんは楽しくなってるんだよ。ちょうのこととかもう忘れてるよね。ワクワクしちゃってるでしょ。

Ｃ１：でも，いい人って感じしない？

Ｃ２：真面目な感じかな。だって，普通，ぼうしが飛んじゃうとか気にしなくない。夏みかん入れた後も，石とか置いてるし。

④〈問い〉に対する答えを全体で交流する（５分）

　ここでは，子どもが黒板の前に出てきて，掲示してある短冊を示しながら〈問い〉に答えていきました。教師は，多くの叙述を関連させて，たくさんの言葉で人物像を説明しようとする子どもを褒めています。叙述が目の前にあることで，叙述の関連性が分かりやすい状況がつくってあると言えます。

　話し合いは，松井さんはいい人という一言では説明できないという内容で盛んに発言が出ました。

　教師からの価値付けとして，「人物像はたくさんの叙述を結び付けて考えることが大切です。」，「みなさんの人柄や性格が単純ではないように，物語の人物もできるだけくわしく説明していきましょう。」という声かけを行いました。

⑤〈問い〉に対する自分の考えをまとめる（10分）

　話し合いを受けて，「たくさんの叙述を挙げて説明しよう」という子ども
の意識がよく分かるまとめとなりました。また，これまでに積み重ねてきた
読みが生かされ，他の登場人物と関連付けたまとめも多くありました。

⑥〈問い〉について全体で交流し，振り返る（5分）

　第二次の終わりをむかえ，今回の学習を振り返る時間を設定しました。初
めて〈問い〉づくりに取り組んだ学級でしたが，授業の流れには慣れてきま
した。

　まず，本時の〈問い〉「松井さんはどんな人なのか」は，「登場人物のこと
をたくさん説明したくなる〈問い〉」としてこれからの〈問い〉づくりに向
けた価値規準に挙げました。そして，登場人物にかかわる〈問い〉として，
「登場人物のことがよく分かるための〈問い〉」，「気が付かなかった登場人物
の特徴が見つけられる〈問い〉」という規準を振り返りました。

　子どもから，印象に残った〈問い〉について発言を求めました。そこでは，
次のような取り扱わなかった〈問い〉への意見が多く出されました。

・夏みかんを見た男の子はどんな気持ちになったのか
・男の子はどんな子なのか
・たけのたけおくんのお母さんは，夏みかんを見て何を言うのか
・ちょうは，なぜそこに集まっているのか
・菜の花横丁は，本当に団地になったのか
・松井さんは，夏みかんのことをお母さんに言ったのか

　これらは，物語から離れ，想像を広げていくような〈問い〉が多く，読み
の学習としては扱い難いものです。だからこそ授業の中では扱われなかった
とも言えますが，読み手である子どもの意欲を掻き立てるものとなっていま
す。

価値ある〈問い〉は，あくまで読みの学習として集団で話し合う価値，読みの学習としての価値を表したものです。

　〈問い〉づくりでは，子どもたちが，個として授業の中では扱われない〈問い〉に興味をもちながら，集団として授業の中で扱う〈問い〉について熱心に話し合う姿を育てていきます。

⑦〈問い〉について振り返り，学習をまとめる（5分）

　子ども達の感想には次のようなものがありました。初めての〈問い〉づくりの中で，自分たちで〈問い〉をつくりながら読みを深めていくことの意義を子どもなりに感じていることがよく分かります。どのような〈問い〉をつくっていけばよいのか，友達と話し合う必要のある〈問い〉とは，価値ある〈問い〉とは何なのか，探究する姿勢がそこにはあります。

> 　問いをつくるのがおもしろかったです。たくさん問いをつくったけど，どんな問いがいいのか，なんとなくわかった気がしました。ちゃんと答えを予想して問いをつくるといいのだと思います。大体，どんな答えになるか考えてみると，つまらない問いかどうか分かるからです。おもしろい問いは，ちょっと答えに悩む感じでした。

> 　自分のつくった問いは，授業ではつかわなかったので残念でした。けれど，みんなで話し合いながら次の授業の問いを決めたので，いやではなかったです。友達のつくった問いがとてもよかったと思いました。一番心に残ったのは，ファンタジーのことを話し合った問いです。初めはよく分からなかったけど，友達の話を聞いて女の子がちょうだっていうことがうまく説明できるようになったと思います。

■ 授業の実際（第三次第7時）

> **学習課題** 松井さんか女の子についての〈問い〉をつくり，人物像に
> ついてまとめよう

①課題を確認する（10分）

　まず，第二次での学習を振り返りながら，人物像という学習用語を確認します。人物像は，性格や人柄について，会話や行動，他の登場人物との関係から考えていくことが求められます。

　そして，前時の学習を生かして，人物にかかわる色々な〈問い〉から，人物像をまとめていくことを確認しました。

②人物像についてまとめる（35分）

　ここでは，画用紙1枚を使って，次のように自由にまとめるようにしました。滞りがちな子どもには，ある程度書き方を指定する工夫も必要です。

92

子ども達は，授業で扱った〈問い〉や扱われなかった〈問い〉を参考に，〈問い〉に答えることで，人物像をくわしくまとめていました。ここでの〈問い〉は人物像をまとめるためのものだったため，話し合いに向かう価値ある〈問い〉だけを意識する必要がなく素朴な〈問い〉も多く見られました。

　第7時でまとめのために子どもが挙げた〈問い〉は次のようなものでした。

【女の子（ちょう）】
・女の子は何者なのか
・女の子はちょうなのか
・女の子は迷子なのか
・女の子はファンタジーなのか
・女の子はなぜタクシーに乗ったのか
・女の子はなぜ途中でタクシーをおりたのか
・女の子は団地に行きたかったのか
・女の子はどうして急いでいたのか

【松井さん】
・松井さんはどんな人なのか
・松井さんの職業はなにか
・松井さんは，夏みかんをどんな気持ちでタクシーに乗せていたのか
・松井さんは，夏みかんをどんな気持ちで白いぼうしの中にいれたのか
・松井さんは，夏みかんをあげたことを後悔したのか
・松井さんは，ちょうを逃がしてしまった時，どんな気持ちだったのか
・松井さんは，男の子がどんなリアクションをすると思っていたのか
・松井さんは，いい人なのか
・松井さんには，どうして「よかったね。」「よかったよ。」という声が聞こえたのか
・松井さんは，どうして菜の花横丁を菜の花橋だと思ったのか

3年 # モチモチの木

■ 教材分析

①物語の特徴

　「モチモチの木」では，臆病な豆太が苦しむじさまのために夜を駆け抜け，医者様を呼びに行きます。豆太はその道中，臆病な自分には見ることのできないと思っていた夜のモチモチの木を見ます。

　本作の特徴として，語り手の豆太に対する評価が随所に述べられていることが挙げられます。「全く，豆太ほどおくびょうなやつはない。もう五つにもなったんだから，夜中に，一人でせっちんぐらいに行けたっていい。」といった語りは，語り手による豆太の人物像の形成とも言えます。ただし，豆太に対するじさまと語り手との見方にはズレもあります。また，このような豆太への語り手の評価に対して，読み手である子どもは「豆太は本当に臆病なのか」という考えをもつこともあります。「モチモチの木」の設定に沿えば，5歳の豆太が夜中明かりのない外のトイレに一人で行くという行為が現代の子ども達にとっては大きな違和感と言えるでしょう。

　語り手の存在が捉えやすいという本作の特徴を生かすことで，語り手を意識した〈問い〉づくりの機会を設定することができます。

②物語の空所

　「モチモチの木」における最大の空所は，「じさまぁ。」と呼ぶ豆太にあります。作品全体を通した豆太の変容は，本作の読みの重要な点です。上月(2018)は，この点について，次のように述べています。[20]

　冒頭の場面の豆太のセリフ「じさまぁ。」と最後の場面の豆太のセリフ

「じさまぁ。」に着目すると，表記上は全く同じとなっています。このことに気づかせた上で，「はじめの「じさまぁ。」と，最後の「じさまぁ。」は同じか。」と問うことにより，個々の作品全体の主題把握との関連で読みが提出されることになります。例えば，「同じだ。」と主張する子どもは，「人間はいざというときには力を発揮するが，そんなにすぐには変わらないものだ。」と意味づけている可能性があります。逆に「違う」と主張する子どもは，「豆太は初めと最後では成長していて，気持ちの持ち方が違う」と意味づけている可能性があります。

上月が述べるような空所への反応の違いは，〈問い〉が目指す答えの深まりにつながるものです。

■ 学習者の〈問い〉

「モチモチの木」の子どもの〈問い〉には，次のようなものがあります。

・豆太はなぜおくびょうなのか
・豆太はどうして一人でせっちんに行けないのか
・せっかく夜のモチモチの木を見ることができたのに，なぜ最後も「じさまぁ」と呼ぶのか

第3学年の子ども達から，豆太への語り手の評価を意識した〈問い〉をつくることは難しいでしょう。豆太の変容について，最後の「じさまぁ。」に対する反応は見られます。ただし，豆太の変容に関する全体の構造に気付かない子どもも当然います。学級の全員が結末の「じさまぁ。」に対する意識を向ける工夫が求められます。

なお，本実践では，「価値ある〈問い〉」という言葉を子どもと共有していません。第3学年では，〈問い〉の価値規準を設定するよりも，具体的な〈問い〉の比較を通して，学級で話し合いたい〈問い〉を見つけていきます。

■ 本単元における〈問い〉づくりと交流場面の設定

①本単元の〈問い〉づくり

語り手につながる〈問い〉づくり

　本実践では，〈問い〉の答えとして語り手の立場での読みが想定される〈問い〉を設定しました。これは，教師からの〈問い〉という形で提供されています。第３学年の子どもたちが語り手の立場を知り，そこでの読みを追究するための〈問い〉によって，語り手という存在が明示的になります。

　とは言え，第３学年の子どもにとって語り手という存在を理解することは容易ではありません。中立的な立場あるいは中心となる人物に終始寄り添うような作品では，語り手の存在を感じることは難しく，作者と混同してしまうような事態も起こってしまいます。語り手の人格をもつ客観的な立場が明確な本教材であれば，その後，語り手を想定した〈問い〉をつくることも可能です。そのために，じさまの立場での読みが重要になります。豆太に同化して読もうとする子どもには，登場人物から登場人物へ読みの立場をシフトさせ経験を積ませたいところです。

②本単元で提示したい「価値ある〈問い〉」の視点

・〈問い〉は，交流を通して答えを考える（前提条件ア）
・語り手にかかわる〈問い〉

【単元の目標】
　異なる登場人物の立場からの〈問い〉について話し合うことを通して，語り手の立場による〈問い〉の効果に気付き，豆太の変容についてじさまや語

り手の立場から考えることができる。

【単元計画】 ※〈問い〉は単元を進める中で決まったものです。

時	学習活動	留意点
1	・「モチモチの木」を読み，初読の〈問い〉をつくる。	・素朴な疑問や感想から〈問い〉をつくるよう促す。
	〈問い〉を考えて、物語を読もう	
2	・物語の大体を捉える。 ・次時の〈問い〉を決める。	・場面や登場人物を整理する。 ・〈問い〉は交流を通して答えを考えること(前提条件**ア**)を確認する。
3	〈問い〉 豆太はどうしてモチモチの木がこわいのか	・叙述を基にした考えと自分勝手な想像を整理しながら答えを深めていく。
4	〈問い〉 豆太は，どうしてお話の最後も一人でせっちんに行かないのか	・物語冒頭と結末の様子を叙述から確認しながら，豆太とじさまとの関係を捉えさせる。
5	〈問い〉 豆太は変わったのか	・「変わったのか」，「変わっていないのか」では，説明しきれない豆太の変容に着目させる。
6	〈問い〉 じさまは，豆太のことをどう思っているのか	・話し合いでは，前時の答えを生かしながら，自分勝手な答えにならないことを意識させる。
7	〈問い〉 語り手は，豆太のことをどう思っているのか	・導入において語り手という学習用語の定着を図る。
8	・「モチモチの木」の特徴について教科書カバーにまとめ，発表し合う。	・画用紙で作った教科書カバーに，これまでの〈問い〉から見つけた作品の特徴をまとめる。

■ 授業の実際（第一次第2時）

学習課題 次時の〈問い〉を決めよう

①本時の課題を確認する

　子どもが物語の大体をつかむために，第1時で提出された初読の〈問い〉を振り返りました。第3学年での〈問い〉には，物語の設定や展開を直接問うような〈問い〉が多く見られます。そのような〈問い〉に学級全体で取り組むことで，物語の大体をつかむ読み取りができます。

　本実践での初読の〈問い〉は次のようなものでした。

・豆太は何歳か
・豆太のお母さんはどこにいるのか
・豆太はどうしてじさまと二人なのか
・豆太はおくびょうなのか
・豆太はどうしてモチモチの木がこわいのか
・豆太はどうしてせっちんに行くのがこわいのか
・豆太はどうして一人で走っていけたのか
・豆太はどうしてもとの甘えん坊にもどってしまったのか
・どうして豆太は，医者様と走って帰らないのか
・じさまは，やさしいのか
・じさまは，豆太をどう思っているのか
・じさまは，何歳なのか
・じさまは，何の病気なのか
・モチモチの木は燃えてなくなったのか

　ここには，〈問い〉づくりの前提条件**ウ**や**エ**にかかわるものも多く見られ

ます。本来叙述から答えの出せない〈問い〉は，子ども達自身が修正していけるように促す場面です。ただし，第3学年のような発達段階においては，問い方を学ぶよりも，答えとして得られる物語の内容を重視する場面にもなります。

　実践では，まず，前提条件**ウ**や**エ**にかかわる〈問い〉をプロジェクターでスクリーンに投影し，フラッシュカードのように次々と答えを求めていきました。この時，子ども達がすぐに答えられず考えるような〈問い〉は，その場で扱わず，〈問い〉を決める際の候補として流していきます。また，始める前に，「答えられない」という答えもOKであることを伝えています。

　子ども達は，どんどん答えを発言しながら，前提条件**ウ**や**エ**にかかわるものは「答えられない」や勝手な答えを発言していました。先述したように，問い方には注目させず，共有できる物語の内容を確認していきました。子どもは，〈問い〉に対して「答えられない」という答えを認めることで，間違いとは異なる選択肢をもつことができます。問い方に注目しなくても，叙述の中で，答えていこうとする意識が生まれていきます。

②次時の〈問い〉を決める

　物語の内容の共有を通して，ほとんどの〈問い〉が答えられています。その中で，フラッシュカードのテンポを滞らせた〈問い〉，保留にした〈問い〉を提示します。

Ｔ：これらの〈問い〉はみなさんが，ちょっと止まってしまった〈問い〉です。どうして止まってしまったのだと思いますか？

　この時点で，直観的には答えが出せない〈問い〉が列挙されています。そこで，〈問い〉づくりの前提条件**ア**を提示し，友達と話し合いたい〈問い〉を選んでいきました。

■ 授業の実際（第二次第5時）

> 〈問い〉 豆太は変わったのか

① 〈問い〉を確認する

　前時までの学習から，豆太がモチモチの木に対して昼は強がっていながらも，火が灯る夜に見ることはできないと諦めていることや，じさまに甘えている様子は確認できます。

　本時の〈問い〉は，前時の〈問い〉によって焦点化したものでした。豆太がお話の最後でも「じさまぁ」と甘えている様子の答えは，すでに豆太が臆病ではなくなったのか，臆病なままなのかという話題を作っていました。子ども達の頭の中には，すでに二項対立の様相があります。「変わったのか」・「変わっていないのか」という二項対立で交流を進めながらも，二項対立では説明しきれない豆太の心情にせまることが求められます。学級全体でこのような読みの交流を実現するためには，豆太の変容にかかわる要素ができるだけ，黒板に示されている必要があります。

　実践では，豆太の変容にかかわる叙述を発表させ，その叙述の短冊を板書に時系列で掲示しました。子どもには，これらの叙述の説明ができるように豆太の変容を考えるように促しています。

② 〈問い〉を交流する

C1：変わったに決まってるでしょ。じさまを助けるために，医者様を呼びに行ってモチモチの木を見たんだからさ。

C2：じゃあ，最後の甘えてるのはなんなの？

C1：だから，オチって感じでしょ。

C3：オチっていうのは分かる気がするけど，豆太がもともとやる時はやる系の子だったら，変わってないってことなんじゃないの？

Ｃ４：やる気スイッチ的なやつね。

Ｃ１：やる時はやる系の子は，やらないパターンも多いでしょ。

Ｃ３：だから，豆太は，本当にやったってことが大事なのね。

③次時の〈問い〉を交流する

　本実践では，〈問い〉づくりの前提条件のうち，**ア**だけを提示しています。全体交流で話題になる〈問い〉は，教師がピックアップし，その他の〈問い〉は全て教室の壁面に掲示しています。朝学習や個別学習の時間などを使って，子ども達は〈問い〉の答えを用意した短冊に書き，貼っていました。

Ｃ１：私は，「豆太はおくびょうなのか」が，いいと思います。ここまで，豆太のことを話し合ってきて，結局いつも豆太がおくびょうなのかっていうことが話になるからです。

Ｃ２：Ｃ１に賛成です。ぼくは，豆太は５歳なので一人で外のトイレに行けなくても臆病じゃないと思うんですけど，「豆太ほどおくびょうなやつはない。」って書いてあるので，ちょっとおかしいと思います。

Ｃ３：私は，Ｃ１とＣ２に反対で，豆太はおくびょうだって書いてあるんだから話し合う必要はないっていうか，私もそんなにおくびょうだとは思わないけど，書いてあるんだからしょうがないっていう。

Ｃ４：じゃあ，じさまは豆太をどう思っているのかがいいと思います。この〈問い〉の意味が分からなかったけど，今の話を聞いて，おくびょうだって書いてあるけど，じさまが言ったわけじゃないので，豆太に助けられたじさまは，ちょっと違うことを思ってると思います。

Ｃ５：Ｃ４に質問なんですけど，「豆太ほどおくびょうなやつはない。」ってじさまが思ってることだと思うんですけど。

Ｃ４：「豆太ほどおくびょうなやつはない。」は，じさまじゃなくて語り手が言ってるんでしょ。じさまは，豆太のこと「やつ」とか言わないと思います。

■ 授業の実際（第二次第7時）

〈問い〉　語り手は，豆太のことをどう思っているのか

①課題を確認する

　まず，これまでの学習で考えてきた豆太の人物像について，それにかかわる叙述とともに確認します。次に，前時の〈問い〉で考えたじさまの立場から見た豆太について振り返ります。

　そして，語り手の存在を教室の中で明確にしていきます。じさまの立場を考える材料として，すでに語り手の存在は話題になっています。けれども，「『全く，豆太ほどおくびょうなやつはない。』と思っているのは，誰ですか？」と，問います。語り手，じさま，作者という意見が返ってきます。前時での話し合いから，じさまの豆太への愛情や心配，「やつ」という表現から受ける印象をイメージさせます。じさまと語り手との立場の違いが豆太への想いとして具体的にどのような違いを生むのか，ここでの発話によってある程度明らかになっていきます。また，父を亡くした豆太に対するじさまの心配は，語り手に対しても有効な視点であることを確認しておきたいところです。

　物語冒頭での豆太に対する語り手の評価は，「全く，豆太ほどおくびょうなやつはない。」等の叙述から，ある程度説明されているため，本時では，物語の結末での豆太を語る語り手の考えに着目させます。具体的には，授業のまとめとして，最後の文について語り手の立場から豆太への考えをまとめる活動を設定します。このような〈問い〉をつくらない授業でも，〈問い〉づくりを意識させることで，次の〈問い〉づくりの観点が生まれます。

②〈問い〉に対する自分の考えをもつ

・語り手は，豆太のことがあまり好きじゃないのだと思います。理由は，豆太に「豆太ほどおくびょうなやつはない。」とか「夜中に，一人でせっちん

ぐらいに行けたっていい。」とか言っていて，5歳の子にひどいと思います。
・語り手は，じさまと同じように，豆太のことを心配しているので，豆太を
　おくびょうと言って厳しくしているのだと思います。理由は，お父さんが
　いないことも，じさまがおじいちゃんで豆太より先に死んでしまうことも
　語り手だから知っているからです。
・語り手は，お父さんなんだと思います。お父さんが天国から豆太を見てい
　ているから，豆太がどんな大人になるか心配なのだと思います。

③全体で交流する

C1：語り手の考えなのか，豆太の気持ちなのかよく分からないところがあ
　　　るんですけど，みんなはどうですか？
C2：それはあっていいんだと思います。語り手ってナレーターってことな
　　　ので，本当は自分の考えとかあっちゃいけないと思うんですけど，こ
　　　のお話はそれがあるんですよね。
C3：私たちのグループでもその話になりました。だから，語り手は，死ん
　　　だお父さんだっていう話もあって，変な話だと思ったんですけど，お
　　　父さんだったら，おくびょうな豆太を心配していても不思議はないか
　　　なと思いました。

　　語り手の役割については，ファジーな部分であるからこそ，学級の中では
はっきりとさせておきたいところです。本実践では，次のように説明しまし
た。なお，ここでは3人称全知視点の語りについて想定しており，1人称の
語りについては，その都度，確認が必要です。

T：語り手の大事な役割は，物語を語ることです。お話を進めながら，人物
　　の行動や様子，時には人物の気持ちを語ったりもします。語り手がお話
　　を語っている中で，まれに語り手の考えが語られていると思える時があ
　　ります。今，話し合っているところがまさにそうですね。

4年 ごんぎつね

■ 教材分析

①物語の特徴

　「ごんぎつね」は，冒頭から「ある秋のことでした。」までの叙述によって
ある程度の設定が明確に語られています。それは，第4学年の子どもにとっ
て想定し易い時・場所・人物の設定と言え，言語的事実が共有できます。前
提条件エ．誰が読んでも答えが同じことは問わないを共有する機会として適
した教材と言えます。

　小ぎつねごんは，自身のいたずらを後悔し，兵十へのつぐないを始めます。
母を亡くした兵十は，ごんにとって「一人ぼっち」という共通点をもった大
きな存在です。つぐないは，ごんの自己実現とも言える執着の中で，兵十に
うたれるという行為によって結ばれます。

　「ごんぎつね」の構造の特徴として，「私」・「茂平」・「ごん」・「兵十」とい
った読み手が導かれる語り手あるいは聞き手の転換があります。府川（2000）
は，「ごんぎつね」における読み手の多様な立場の可能性を次のように価値
付けています。[*21]

> 　このように，作品の文体を潜ることで読み手が自己を多重化し，様々な
> 登場人物の中に参加し，同時にそこから距離をとること，それが文学体験
> を作り出す大きな柱になっている。

さらに，府川は文学体験について次のような説明を加えています。

> 　作品の様々な仕掛けにのせられて，作品のなかに布置された視点を共有

し，また同時にそこから離脱する過程の総体が，虚構としての文学体験の内実なのである。

府川の言う「作品の様々な仕掛け」は，物語構造のみならず，多様な読み手の立場を生み出す視点や描写にもおよびます。たとえば，「空はからっと晴れていて，もずの声がキンキンひびいていました。」は，誰が見た風景なのか。語り手・ごん，それぞれに異なるニュアンスがあります。

「ごんぎつね」において子どもは，冒頭の述べられる設定を言語的事実として，学習集団としての共通認識をもつことができます。また，語り手とごん，兵十という立場の中で，叙述に対する多様な意味内容を受け入れることになります。

②物語の空所

「ごんぎつね」における最大の空所は，ごんのうなずきにあります。「ごんは，ぐったりと目をつぶったまま，うなずきました。」は，鈴木三重吉の指摘にかかわる部分でもあり，結末の重大な叙述と言えるでしょう。そして，ここにつながる最終場面の冒頭「その明くる日も，ごんは，くりを持って，兵十のうちへ出かけました。」も，「引き合わない」と思ったごんの行動として大きな意味をもちます。

この空所の読みは，内容理解が十分であるときこそ追究できる〈問い〉となります。扱う〈問い〉の順序，あるいは，ごんの心情へ向かう読みの蓄積を意図したコーディネートが求められます。

■ 学習者の〈問い〉

子どもの〈問い〉は，ごんのいたずらやつぐないといった行動に注目が集まります。また，冒頭部分の設定にかかわる部分についての〈問い〉も多く見られるでしょう。これらにかかわる〈問い〉に取り組みながら，物語の空所にかかわる〈問い〉の価値に気付かせていきたいところです。

■ 本単元における〈問い〉づくりと交流場面の設定

①本単元の〈問い〉づくり

> ### 価値ある〈問い〉に至る〈問い〉づくり

　本実践では，第一次において，「『うなずいた時，ごんはどんな気持ちだったのか』は価値ある〈問い〉なのか」という課題が提示されます。端的に言えば，価値ある〈問い〉がすでに提示された状況で学習が進みます。子どもが生み出す〈問い〉を重視する〈問い〉づくりの考え方から逸脱するように思えますが，物語の要となる部分を共有し，そこに一定の価値を見出すことは重要な体験となります。これは，１章で述べられる読みの交流を促す〈問い〉の５つの要件 e に当たる部分でもあります。

　ただし，ごんのうなずきにかかわる〈問い〉は，「ごんぎつね」における子どもの読みが深まっているからこそ，価値ある〈問い〉と言えます。そういう意味では，本単元は子ども達にとって具体化された価値ある〈問い〉を体験する機会になります。前提条件イ．作品の読みどころを引き出す〈問い〉が実感とともに意識されるでしょう。

②本単元で提示したい「価値ある〈問い〉」の視点

> ・作品の読みどころを引き出すことを問う（前提条件イ）
> ・誰が読んでも答えが同じことは問わない（前提条件エ）

【単元の目標】

　価値ある〈問い〉について話し合うことを通して，物語の読みどころを引き出す〈問い〉の効果に気付き，結末でのごんの心情を兵十との関係から読

み取ることができる。

【単元計画】　※〈問い〉は単元を進める中で決まったものです。

時	学習活動	留意点
1	・「ごんぎつね」を読み，初読の〈問い〉をつくる。	・素朴な疑問や感想から〈問い〉をつくるよう促す。
	〈問い〉「うなずいた時，ごんはどんな気持ちだったのか」は，価値ある〈問い〉なのか	
2	・物語の大体を捉える。 ・次時の〈問い〉を決める。	・場面や登場人物を整理する。
3	〈問い〉 ごんは，なぜいたずらばかりするのか	・叙述を基にした考えと自分勝手な想像を整理しながら答えを深めさせる。
4	〈問い〉 ごんは，なぜ兵十にくりやいわしをあげたのか	・ごんの人物像については，教室内の学習掲示物として，随時更新していく。
5	〈問い〉 兵十はごんじゃなく，神様にお礼を言っているのに，なぜまた，くりなどを持っていくのか	・つぐないのきっかけや目的，過程について注目させる。
6	〈問い〉「兵十は，火なわじゅうをばたりと取り落としました。」とあるが，兵十はどのような気持ちだったのか	・語り手の視点について共通理解を図る。
7	〈問い〉 ごんは，死んだのか	・終末の描写を提示し，注目させる。
8	〈問い〉 うなずいた時，ごんはどんな気持ちだったのか	・たくさんの言葉を使ってごんの心情を説明するように促す。
9 10	・「うなずいた時，ごんはどんな気持ちだったのか」は，価値ある〈問い〉なのかを話し合う。	・自分の考える価値ある〈問い〉をもたせる。

■　授業の実際（第一次第2時）

> **学習課題**　次時の〈問い〉を決めよう

①本時の課題を確認する

　子どもが物語の大体をつかむために，まず，設定の確認を行いました。「ごんぎつね」は，冒頭部分に作品の設定がまとまっているため，設定という学習用語が指導しやすい作品です。ここでは，教師から「ごんぎつねクイズ」を出しています。

　ごんぎつねは，「①どんな場所のお話でしょう」・「②登場人物はだれでしょう」・「③いつのお話でしょう」・「④ごんはどんな登場人物でしょう」という4問のクイズです。これは，2章19に示した見本の〈問い〉を扱った体験ルートの1つになります。子ども達はクイズに対して我先にと手を挙げ，叙述から答えを発表していきます。このような活動も子どもにとっては楽しい活動になります。

　答えが確認された後，クイズについて振り返ります。

T：今のクイズは友達と話し合いながら答えを考える必要がありましたか？

　教師との一問一答に対して，子どもの気付きをもたせます。そして，前提条件**ア**を確認し，自分たちの〈問い〉は友達と話し合いながら答えを出すものだということを強く印象付けます。そして，なぜ友達と話し合う必要がないのか，共有していきます。子ども達は，「簡単だから」「書いてあることを見つけるだけだから」「考えることがないから」といった印象を発表しました。

　2章10で述べたように〈問い〉づくりの前提条件**エ**は，それ自体が学びの広がりをもっています。ここでは，シンプルに前提条件**エ**を提示しています。

②次時の〈問い〉について話し合う

　第1時で子ども達がつくった初読の〈問い〉のうち，〈問い〉づくりの前提条件エにかかわる〈問い〉として次のようなものがありました。

> ・ごんはくりと何を持って行ったのか
> ・ごんは一人ぼっちなのか

　次時の〈問い〉を話し合う前に，先に示した前提条件エを基に「クイズのようになってしまう〈問い〉はあるか」について意見を出し合いました。

C1：「ごんはくりと何を持って行ったのか」は，答えがすぐ分かるので話し合う〈問い〉にはならないと思います。

C2：C1に賛成で，答えを言っちゃうと松たけとしかいいようがないと思います。

C3：「ごんはくりと何を持って行ったのか」は，みんなで話し合う〈問い〉にならないっていうのは，いいんですけど，C2に反対で，いわしも持って行ってると思います。

C2：いわしもだけど，それは，最初に盗んだやつだから，まあとにかく，いわしを入れても入れなくても，話し合う〈問い〉ではないでしょ。

　また，前提条件ウにかかわる「なぜごんぎつねという名前なのか」という〈問い〉もありました。本実践の学級では，前提条件ウは共有済みだったため，子ども達の発言の中で指摘されていきました。この時点で，本実践の学級が共有している前提条件は3つ（ア・ウ・エ）になります。

　実際には，「ごんは，なぜいたずらばかりするのか」という〈問い〉が圧倒的に多く，初読での関心を集めていました。

■ 授業の実際（第二次第6時）

> 〈問い〉 「兵十は，火なわじゅうをばたりと取り落としました。」とあるが，兵十はどのような気持ちだったのか

① 〈問い〉を確認する

　前時までの学習では，ごんの立場に寄り添った〈問い〉に取り組んできました。ごんがうたれる理由を考えたことから兵十の立場が注目されたと言えます。

　本作においては，語り手の視点の移動があります。基本的にはごんに寄り添っていた語り手は，山場の場面で兵十の視点で語る部分をもちます。「と，きつねがうちの中へ入ったではありませんか。…またいたずらをしに来たな。」という叙述から，兵十の立場でのごんの捉え方が分かります。「兵十は，火なわじゅうをばたりと取り落としました。」での兵十の気持ちを考えるためには，そもそもごんに対してどのような印象をもっているのかを捉え，ごんの行動への気付き，「ばたり」という描写へ着目することが求められます。

　〈問い〉を確認する際には，これらの段階を明示的に整理する必要があります。学級の実態に応じて，全体で共有しておく段階を決めます。

　なお，語り手の視点は，「兵十はかけよってきました。」という叙述で，ごんへの寄り添いにもどっていきます。

② 〈問い〉を交流する

C1：兵十は，ごんにうらみがあったし，やったぜって感じでしょ。

C2：いや，さすがにうってごめんって感じじゃないの？

C1：なんで，兵十は，ごんのいろんながんばりを知らないわけだから，けっこうひどいいたずらぎつねってだけでしょ。

C3：ごんが思ってるほど兵十はごんのことをなんとも思ってないっていう

のが，かわいそうだよね。「きつね」とか「ぬすっと」とか。しかも，兵十がうった直後に，ごんのつぐないを理解するのは無理だよね。

C4：でも，兵十は加助に相談してるんだから，お母さんが死んだ後，誰かがくりやまつたけをくれているのを気にしてたわけじゃん。しかも，神様にしとこうとか思ってるわけじゃん。

③全体で交流する

　全体での交流でも，兵十の後悔の程度が話題になりました。ここでは，「ばたり」という描写のイメージをもつため，「兵十は，火なわじゅうをばたりと取り落としました。」を動作化して理解を深めています。

④次時の〈問い〉を交流する

　次時の〈問い〉の検討では，再び結末でのごんに注目が集まっていました。

C1：「ごんは，死んだのか」がいいと思います。理由は，ごんが死んだのかどうか分からないからです。

C2：C1に反対で，ごんは死んだとは書いていないけど，みんなで勝手に想像するしかないので，話し合いにならないと思います。

C3：私は，C2に反対で，ごんは，死んだのかっていうのは考えてもいい〈問い〉だと思います。私は，死んだと思っているんですけど，それは，最後の文からそう思うので，ちゃんと理由があると思います。

C4：私は，「兵十はその後どうしたのか」が面白いと思います。今日の〈問い〉の続きで，時間が経ったら兵十がよく考えてもっとごんをうったことを後悔していると思うからです。

C5：「兵十はその後どうしたのか」もいいと思うんですけど，それだと結局，ごんが生きてるかどうかでかなり変わってしまうと思うので，「ごんは，死んだのか」をやった方がいいと思います。

■ 授業の実際（第三次第9・10時）

> **学習課題** 〈問い〉「うなずいた時，ごんはどんな気持ちだったのか」
> は，価値ある〈問い〉なのか

①課題を確認する

第二次での学習によって，数多くの〈問い〉が生まれています。この時点で子どものノートには40個程度の〈問い〉があります。単元を通したこの課題は，価値ある〈問い〉とはどんな〈問い〉なのかを第4学年なりに考えることを意図しています。具体的な〈問い〉を通して考える工夫が必要なことが，高学年での検討と異なる点でしょう。

本時では，〈問い〉「うなずいた時，ごんはどんな気持ちだったのか」について取り組み，その後，価値ある〈問い〉と言えるのか検討していきます。さらに，取り組んだ〈問い〉も含めて，どの〈問い〉が価値ある〈問い〉であったか考えます。

第4学年の子どもにとって価値ある〈問い〉とはどんな〈問い〉なのかを言語化することは，難しいところです。「これが私たちの考える価値ある〈問い〉だ！」という〈問い〉を増やしていくことになるでしょう。

②「〈問い〉『うなずいた時，ごんはどんな気持ちだったのか』は，価値ある〈問い〉なのか」について，グループで交流する

C1：これは，価値ある〈問い〉でしょ。結構，話が盛り上がったよね。

C2：賛成。いままでの〈問い〉もわりと面白かったけど，ごんの気持ちがちゃんと書いてないから，いろいろ意見が出てよかったよね。

C3：じゃあ，書いてないことの方が，価値ある〈問い〉になるってこと？

C2：ちがうでしょ。「ごんは，死んだのか」の時，結構やばかったじゃん。死んだっていう話は，なるほどって感じだったけど。最初生きてるっ

て言ってた人，俺もだけど，結構適当なこと言ったよね。

C4：言ってた。なんにも根拠になる文がないとダメってことでしょ。

C2：そう。それで，はっきり書いてないみたいな。

C3：うなずくところで，言わないんかいっていうごんがいいってことでしょ。

C1：でも，これって言われなきゃ気付かないよね。

C4：だから価値ある〈問い〉なんでしょ。

③単元のまとめとして，子ども達が選んだ価値ある〈問い〉

> ・うなずいた時，ごんはどんな気持ちだったのか
> ・兵十はごんじゃなく，神様にお礼を言っているのに，なぜまた，くり
> 　などを持っていくのか
> ・「兵十は，火なわじゅうをばたりと取り落としました。」とあるが，兵
> 　十はどのような気持ちだったのか
> ・ごんは，なぜいたずらばかりするのか
> ・月の夜，どうしてごんは兵十と加助の近くにいくのか
> ・ごんはどうして話ができないのか
> ・ごんはなぜ村の人の名前や家を知っているのか
> ・茂平は，なぜごんのことを知っているのか

　子ども達の実感から〈問い〉が選別されています。ここでの子ども達の価値規準には，前提条件ア・イ・ウ・エが強く働いています。前提条件イは，単元のまとめとして，子ども達の実感の中で加えられました。注目するのは，取り組んでいない〈問い〉が多くあることです。単元の終末であっても，そこには物語に対する解釈が十分に形成された上での〈問い〉や直観的な〈問い〉など様々です。2章で述べたように，子どもが新しい〈問い〉に価値を見出していることが表れています。

5年	大造じいさんとガン

■ 教材分析

①物語の特徴

　「大造じいさんとガン」は，ガンの群れの頭領である残雪とガンを猟の獲物として狙う大造じいさんとの駆け引きが，自然の美しさを想わせる描写の中で描かれた物語です。大造じいさんは，第1・第2・第3と作戦に意気込みながら，その作戦を見抜いていく残雪の賢さと頭領としての在り様に引き込まれていきます。それは，読み手である子ども達も同じです。

　ただし，大造じいさんが残雪をうたないと決め，介抱する様は，読み手として大造じいさんに同化しつつも，その行動については，改めて問うことで客観的な読みを生み出します。5年生の子どもにとっては，大造じいさんに寄り添いつつも，語り手の立場を意識しながら登場人物や物語全体に対して自分なりの評価がもてる作品と言えます。

　なお，本実践は光村図書掲載の文章を扱っているため，「まえばなし」において築かれた語り手の存在を教材の特性として生かしていくことになります。

　また，「大造じいさんとガン」には，「東の空が真っ赤に燃えて，朝が来ました。」という情景描写があります。この叙述は，多くの学級で情景描写という学習用語の定着のために扱われてきました。子ども達にとって，第3の作戦に臨む大造じいさんの心情と日の出に照らされた空の風景は，情景として大変イメージしやすいものです。近年，学習指導要領において，情景描写は第3・4学年の読みの能力として示されています。既習事項を振り返り，「大造じいさんとガン」がもつ教材としての力を生かして定着を図る機会になるでしょう。

②物語の空所

「大造じいさんとガン」における最大の空所は，大造じいさんはなぜ残雪をうたなかったのかということです。大造じいさんが残雪をうたないことを決断した理由は，主に２つ挙げられます。仲間を救う残雪の姿に魅了されたこと，命を奪われる瞬間の堂々とした態度に胸をうたれたことです。

大造じいさんが残雪をうたなかった瞬間は，その都度，語り手から読み手に伝えられます。しかし，大造じいさんが沼地で最期の時を覚悟する残雪をうたなかったことと，傷ついた残雪を介抱し春を迎えることとは切り離して考えることもできます。残雪に魅了された大造じいさんの行動は，自分の作戦を「ひきょうな」と呼ぶことにまで表れます。ガンを捕まえようとしたこれまでの作戦は「ひきょうな」ものだったのか，大造じいさんが考える正々堂々とはどのような意味なのか，子ども達に問わせたい箇所と言えます。

■　学習者の〈問い〉

多くの子どもは，大造じいさんを中心に〈問い〉をつくります。大造じいさんの作戦を確認するような〈問い〉から，大造じいさんが残雪をうたなかった理由まで様々ですが，先に述べたような「あとばなし」の大造じいさんの行動の是非を問うような〈問い〉は生まれません。また，本作の特徴である情景描写に触れるような〈問い〉についても，そのような読みの視点が経験されていない子どもから生まれることはないでしょう。そういう意味では，教師からの〈問い〉の提示や〈問い〉をつくる視点の共有が必要な単元だと言えます。子どもの〈問い〉を，第５学年の読みの学習あるいは教材としての特徴に結び付けていくための工夫が求められています。

また，「まえばなし」がある場合には，「まえばなし」が整える本作の設定に対する単純な〈問い〉も生まれます。「まえばなし」は，語り手の所在を明確にしてくれます。「まえばなし」にかかわる〈問い〉を扱い，語り手という立場での読みを体験する機会となります。

■ 本単元における〈問い〉づくりと交流場面の設定

①本単元の〈問い〉づくり

描写に着目した〈問い〉づくり

　本実践では，描写に着目した〈問い〉づくりに専念した時間を設定しました。当然，情景描写だけに絞った〈問い〉には，多くのバリエーションは望めません。それは，〈問い〉づくりという形で物語の中の情景描写を探し，その答えとして心情を読み取るような，読みの学習となります。

②本単元で提示したい「価値ある〈問い〉」の視点

・情景描写に着目した〈問い〉

【単元目標】

　物語の特徴にかかわる〈問い〉を考えることを通して，人物の行動や心情にかかわる巧みな描写に気付き，「大造じいさんとガン」の特徴について考えることができる。

【単元計画】　※〈問い〉は単元を進める中で決まったものです。

時	学習活動	留意点
1	・「大造じいさんとガン」を読み，初読の〈問い〉をつくる	・〈問い〉づくりの条件を確認してから，〈問い〉をつくらせる。
	価値ある〈問い〉を考えて，物語を読もう —作品の特徴をとらえよう—	

2	・物語の大体を捉える。	・「大造じいさんとガン」は約何年間のお話なのかを考え，場面と大造じいさんの行動を整理する。
	・初読の〈問い〉を分類し，次時に取り組む〈問い〉を検討する。	・初読の〈問い〉から大まかな学習計画を検討させる。
3	〈問い〉 1場面の前は，なんなのか	・「まえばなし」が整える設定を共有し，語り手の存在を明確にする。
4	〈問い〉 大造じいさんが残雪をうたなかったのはなぜか	・大造じいさんの行動描写から状況を整理し，うたなかった理由を考えさせる。
5	〈問い〉 残雪は大造じいさんをどう思っているのか	・答えのない〈問い〉でありながらも，残雪の立場や位置付けを捉える機会とする。
6	〈問い〉 大造じいさんはなぜ残雪を助けたのか	・残雪に対する大造じいさんの行動について，自分の考えをまとめる機会をつくる。
7	・情景描写に関する〈問い〉をつくって，〈問い〉に答え合う。	・「東の空が…」には，大造じいさんのどんな心情が表れているかを例に，情景描写に関する〈問い〉をつくるよう指示する。
8 9	・「大造じいさんとガン」の特徴について教科書カバーにまとめ，発表し合う。	・画用紙を使った教科書カバーに，これまでの〈問い〉から見つけた作品の特徴をまとめることを確認する。

■ 授業の実際（第二次第5時）

① 〈問い〉を確認する

　本時の〈問い〉は，初読の〈問い〉から継続して出されていたものでした。本作において，語り手が残雪の心情を語っている叙述はほとんどありません。残雪の心情はその行動から推測することになり，本時の〈問い〉は，〈問い〉づくりの前提条件ウにかかわるような，叙述を根拠にした答えが考え難いものとも言えます。当然，前時に〈問い〉を決める際にもそのことが話題になっています。

　ただし，残雪の行動から心情を推測する際に，語り手の視点が必然的に話題になります。残雪が仲間を救おうと戦い，大造じいさんが銃を下ろす瞬間は，まさに視点の転換が起こっています。本時の〈問い〉を生かすことで語り手の視点を意識した読みが可能になります。大造じいさんの作戦を見破る残雪の意識は，ハヤブサの登場によって寸断され，仲間の救出に向きます。ハヤブサとの戦いが終わった次の瞬間，第二の敵として再び大造じいさんは残雪の意識の中に表れます。残雪の大造じいさんに対する心情を部分的に扱うのではなく，残雪の行動と語りを関連付けることで残雪の視点から展開を追っていきます。

　〈問い〉の確認では，「残雪は大造じいさんをどう思っているのか」の答えが，物語全体を通した残雪の大造じいさんに対する心情の変化であることを共有しました。そのままでは読みの学習として扱えない〈問い〉が本時の〈問い〉として選ばれていても，答えの追究の方向性を修正することで学習課題として成立させることができます。

　実践では，教科書の挿絵を用いながら，残雪の心情として考える区切りを「①第3の作戦まで」・「②ハヤブサとの戦い（空中）」・「③沼地に落ちてから」

に分けました。

② 〈問い〉に対する答えを交流する

C1：①の時は，残雪は大造じいさんのこと分かってんのかな。罠とかに注意したり，仲間を無事に守ることを考えてたりするんじゃないの。

C2：第2の作戦の時も，別に大造じいさんじゃなくて，小屋を見つけて方向変えたんだしね。大造じいさんは無視だね。

C3：無視とはちょっと違うと思うけど。まあ，②も大造じいさんに気付いてるかどうか分かんないよね。

C4：②は，ハヤブサからの逃げなきゃ，逃げなきゃからの遅れてるやつがいる，それで守らなきゃだもんね。

C2：そうなんだ。大造じいさん，全然，意識ない。じゃあ，③でやっとってこと？

C4：③は，落ちた時はまだハヤブサとバタバタしてるんだから，その後，第二の敵でしょ。

③ 〈問い〉の答えを全体で交流する

　全体の交流では，子どもの発言を受けながら，教師が根拠として挙げられた叙述を板書に示していきます。根拠として挙げられる叙述を扱いながら，教師から「③沼地に落ちてから」の残雪の心情について，ハヤブサから大造じいさんへ注意が移る瞬間を問います。

T：沼地に落ちた残雪が大造じいさんに気付いたのはいつですか。

　「第二の敵」が残雪からの視点で語られた大造じいさんであることを共有し，ここで視点という言葉を提示し学習用語の定着を図りました。その後，残雪の視点で語られた叙述を確認しました。

■ 授業の実際（第二次第6時）

〈問い〉 大造じいさんはなぜ残雪を助けたのか

① 〈問い〉を確認する

　本時の〈問い〉の答えが，第4時の答えと同じところで止まらないように，話し合いでの論点を明確にする必要があります。

　導入では，まず，第4時の〈問い〉「大造じいさんが残雪をうたなかったのはなぜか」を振り返りました。そして，傷ついた残雪をうたないにせよ，そのまま力尽きるのを待つ，あるいはその後を見届けずに場を離れるという大造じいさんの選択肢を確認します。自然界で大きな傷を負ったものが生き残る可能性が低く，少なくとも頭領としての務めは果たせなくなります。大造じいさんにとって，残雪の傷を癒すということにどんな意味があるのか，大造じいさんは今後どんな戦いがしたいのか，この〈問い〉が明らかにする点を明確にします。

② 〈問い〉に対する答えを交流する

C1：大造じいさんは，残雪の仲間を助ける姿に感動したから，助けたんでしょ。あと，大造じいさんに殺されそうな時に，じたばたしなかったから，残雪がすごいからでしょ。

C2：いや，だから，それはうたなかった理由で，助けた理由は何かってことでしょ。

C3：大造じいさんは残雪がいるせいで，3年間ガンを1羽もとれてないんだから，感動したからじゃちょっと弱いよね。あっ1羽はとってるか。

C4：傷が治るまで面倒を見て，正々堂々と戦おうとか言ってるんだから，また戦いたいのは間違いないよね。

C2：なんかライバル的な感じに思ったってことでしょ。たかが鳥とかいっ

てバカにしてたのに。

C3：大造じいさんの思い込みっていうか，もう残雪との戦いが生きがいって感じだよね。だって，「ただの鳥に対しているような気がしませんでした。」っていうのも大造じいさんがそう感じたってことでしょ。

③〈問い〉の答えを全体で交流する

C1：大造じいさんは，3年間も残雪のことを考えて過ごしているので，それが生きがいになっているのだと思います。だから大造じいさんは，残雪の傷が治るまでお世話をしたんだと思います。

C2：C1に質問なんですけど，じゃあ，ハヤブサのこととか関係なく，もう倒す気がなかったみたいなことになるんですか？　魚釣りのキャッチアンドリリースみたいになるってことですか？

C1：魚釣りはよく分からないですけど，そうじゃなくて，自分が倒したいってことだと思います。すごいライバルだと認めたから，絶対自分が倒すってことです。

C3：大造じいさんが残雪と戦うのが生きがいだっていうのに賛成なんですけど，グループの時，「ひきょうなやり方」っていうのが出て，自分の作戦がひきょうだったと思ってるならどうするつもりなんだろうと，ちょっと疑問です。

C4：大造じいさんがひきょうだと言ったのは，最後のおとりがよくなかったと思ったんだと思います。まあ，ぼくはそれもひきょうだとは思わないんですけど。

④残雪に対する大造じいさんの行動について，自分の考えをまとめる

　次時は，〈問い〉づくりだけに取り組む時間として計画してあります。ここでは，本時の学習のまとめとして，大造じいさんの残雪に対する行為について自分の考えをまとめるようにしています。

> **学習課題** 情景描写に関する〈問い〉をつくって，答えを考えよう

①課題を確認する

　本時は，〈問い〉づくりに特化した時間という位置付けですが，情景描写を学習用語として定着を図ります。そのために，「東の空が真っ赤に燃えて，朝が来ました。」という叙述を授業の冒頭に提示します。

　この叙述は，誰が見た風景なのかを確認します。学級の実態によっては，ここでこの風景を語る語り手の立場と大造じいさんの立場を明示し，読みの差異を追究することもできます。本実践では，この風景を見ている大造じいさんの状況を整理するのみにとどめています。

T：この文は特別な風景を表しています。なにが特別なんでしょう。

　子どもは，「燃えて」という言葉に着目します。もちろん「火事だ」という子がいます。教師が「そうですね。おとり作戦の朝は火事が起きたんですね。」と焚きつければ，子どもから「ちがう，ちがう」と説明してくれるでしょう。

　第3の作戦にかける大造じいさんの意気込みが「真っ赤に燃えて」という描写に表されていること，人物の心情が表れている風景の描写を情景描写としておさえています。

②〈問い〉づくりをする

　「情景描写」には，大造じいさんのどんな心情が表れているか？

> ・「秋の日が，…」
> ・「あかつきの光が，…」

- 「ぱっと，白い羽毛が…」
- 「羽が，白い花弁のように，…」
- 「らんまんとさいたスモモの花が，…」　など

③ 〈問い〉を交流する

　発表された情景描写にかかわる〈問い〉を基に，「どの〈問い〉がこの作品の特徴をとらえているか」について話し合います。

C1：私は，最後の「らんまんとさいたスモモの花が，…」がいいと思います。やっぱり結末のきれいな風景と大造じいさんのこれからまた頑張るぞっていう感じが伝わります。

C2：C1に反対で，最後もいいんですけど，この話の大事なところは，やっぱり，戦う残雪の姿だと思うので，「ぱっと，白い羽毛が…」だと思います。大造じいさんの気持ちが変わっていくのもこの辺りだからです。

C3：最後の作戦の場面がいいのは，分かるんですけど，だったら，「東の空が真っ赤に燃えて，朝が来ました。」でもいいと思います。結局，この情景描写が一番分かりやすいと思うからです。

C4：分かりやすいのと，お話の特徴は違うと思うので，私も「ぱっと，白い羽毛が…」がいいと思います。「ぱっと，白い羽毛が…」は，激しい2羽の戦いなのに，きれいな言葉で書かれていてそのギャップもいいと思います。

　話し合いの結果，本実践では，〈問い〉「『ぱっと，白い羽毛があかつきの空に光って散りました。』には大造じいさんのどんな心情が表れているのか」が多くの賛同を得ていました。

６年　海の命

■　教材分析

①物語の特徴

　「海の命」は，漁師として海の魚たちの命と向き合う太一を中心とした物語です。漁師としての太一の成長が，太一と父，太一と与吉じいさという関係の中で描かれています。与吉じいさの下，村一番の漁師となった太一は，父の命を奪ったであろう瀬の主を探します。いよいよ，瀬の主と対峙した太一はもりを打たず，そのことは誰も知らない出来事となります。与吉じいさの考えや太一が瀬の主を打たなかった理由は，海の命という言葉に凝縮されていきます。

　「海の命」は，多くの教室で，太一・父・与吉じいさの生き方を読むといった方向へ学習が展開していきます。しかし，３人の漁師としての姿あるいは太一の成長は，第６学年の子どもの抱える「生き方」に大きな隔たりがあると言えるでしょう。太一の成長に影響を与えた父，与吉じいさの言葉を手がかりにしながら，瀬の主と対峙した瞬間にある太一の葛藤と選択を読んでいくことが重要だと考えます。

②物語の空所

　「海の命」における最大の空所は，太一はなぜ瀬の主を打たなかったのかということです。太一にとって瀬の主は，追い求めてきたものであり，父とのつながりをもつものです。ただし，太一が遭遇した瀬の主と思われるクエが，父を破ったクエであるかどうかは，確かめることができません。太一が瀬の主を打たなかった理由は，一貫性のある説明の難しい部分です。打たないと決めた太一の心情の変化が唐突すぎるということが大きな原因です。そ

して，それまでの物語の筋とのギャップに読者は悩まされることになります。

　また，「海の命」にある〈問い〉に結び付き難い空所として，西田（2018a）は母の想いを挙げ，次のように述べています。[*22]

> 　母が太一の行動に父の姿を重ね，太一の身を案じていることは確かでしょう。しかし，父の海に潜る太一の想いと母の悲しみは関連づけて考える必要があるのか，瀬の主との対峙における太一の葛藤と選択にこの母の想いがどのようにかかわるのか，このような疑問に答える叙述が不足しているでしょう。

　「海の命」の空所部分が物語全体の一貫性から説明し難いものだと理解した上で，「海の命」が何を描いているのかを考えていくことが重要だと考えます。

■　学習者の〈問い〉

　子どもは，必然的に空所である「太一はなぜ瀬の主を打たなかったのか」に着目し，〈問い〉をつくります。教師が意図すべきことは，この〈問い〉に対して，子ども達が与吉じいさの言葉や父の死因，さらには，「村一番の漁師であり続けた」という語りを結び付けて答えを出せる状況を整えることです。

　そのためには，学習計画の中で，この〈問い〉の位置付けをたとえば次のように工夫する必要があります。①単元の終末に配置し，それまでの読みが動員されるようにする，②単元の冒頭に配置し，その後の〈問い〉を答えながら再びこの〈問い〉に向き合う機会を確保する。第6学年であれば，初読の〈問い〉を基に，ある程度の学習計画を立て，その都度〈問い〉を検討していくような流れも可能です。これは，多くの注目を集める〈問い〉をどのように扱うかという手立てでもあります。本書の実践は②を採用しています。

■ 本単元における〈問い〉づくりと交流場面の設定

①本単元の〈問い〉づくり

> ### 価値ある〈問い〉を追究する〈問い〉づくり

　本実践での〈問い〉づくりは，価値ある〈問い〉とは何か，という課題について単元を通して追究していくものです。対象学級は，〈問い〉づくりの経験が多く，本書が示す〈問い〉づくりの条件や価値ある〈問い〉に対する考え方が，ある程度定着しています。

　教材「海の命」で，注目される〈問い〉「太一はなぜ瀬の主を打たなかったのか」は，作品全体の一貫性からその答えを検討しながらも，海の命にかかわる叙述から，象徴や暗示について考え，作品の読みどころについて自分なりに言語化する経験のチャンスです。この〈問い〉をスタートにして，〈問い〉づくりの前提条件イ．作品の読みどころを引き出すことを問うを実現するために，この作品におけるテーマや核心を追究していきます。

②本単元で提示したい「価値ある〈問い〉」の視点

> ・作品の読みどころを引き出すことを問う（前提条件イ）
> ・作品を象徴するような言葉について考える〈問い〉
> ・作品のテーマにせまるような〈問い〉

　ここでは，「象徴」と「テーマ」という主題にかかわる読みを促す学習用語の定着を図っています。小学校高学年において「主題」という言葉で共有することもあり得るでしょう。どのような学習用語を定着させていくのかは，読みの力を高めるとともに，〈問い〉づくりの価値規準としても重要なものです。それは，子ども達が交流で使用する言葉になるからです。

【単元の目標】

　物語の価値ある〈問い〉を考えることを通して，物語の象徴や暗示に気付き，「海の命」の読みどころについて考えることができる。

【単元計画】　※〈問い〉は単元を進める中で決まったものです。

時	学習活動	留意点
1	・「海の命」を読み，初読の〈問い〉をつくる。 ・物語を自分なりにまとめる。	・〈問い〉は黒板掲示用の短冊に書くよう指示する。 ・登場人物や場面など，ノートにまとめるよう指示する。
2	・初読の〈問い〉を分類し，次時に取り組む〈問い〉を検討する。	・初読の〈問い〉から大まかな学習計画を検討させる。
	価値ある〈問い〉を考えて，物語を読もう	
3	〈問い〉太一はなぜ瀬の主を打たなかったのか	・太一が瀬の主を追う背景を共有し，〈問い〉に取り組ませる。
4	〈問い〉海の命とは何か	・〈問い〉を基に，「象徴」を学習用語として提示する。
5	〈問い〉太一は，瀬の主を打たなかったことを，なぜ誰にも言わなかったのか	・これまでの〈問い〉の答えを基に考えることを確認する。
6	〈問い〉村一番の漁師とはどんな漁師なのか	・太一，与吉じいさ，父を比べながら考えるように促す。
7	・「海の命」の読みどころについてまとめる。	・「象徴」という言葉を使って，読みどころをまとめることを確認する。

■ 授業の実際（第二次第3時）

〈問い〉　太一はなぜ瀬の主を打たなかったのか

① 〈問い〉に対する答えを交流する

C1：太一は打たなかったんじゃなくて，打てなかったんじゃないの？　だって，お父さんはそれで死んでるわけでしょ。お父さんの時だって，もりはささってて，そこから勝負って感じでしょ。だから，ビビッてしまったっていうのは，なし？

C2：そんな話にしていいわけ？　太一はビビッて瀬の主を打てませんでした。だから，誰にも言えませんでした的な。ダメでしょ。なんか作品の価値がやばくない。

C3：ビビっちゃったっていうのは，言い過ぎだと思うけど，そういう気持ちもあったのはいいんじゃない。お父さんが負けてるんだからトラウマっぽいのはあるんでしょ。

C4：村一番の漁師になって，いざ復讐って感じだけど，出会ってみると迫力あり過ぎで，倒したい気持ちと負けるかもっていう気持ちが混ざったってこと？

② 次時の〈問い〉を考える

・太一は，瀬の主を打たなかったことを，なぜ誰にも言わなかったのか
・太一は，なぜ瀬の主をお父さんだと思ったのか
・父と太一の幻の魚を見つけた時の感想とその後の覚悟の違いは
・太一は父の瀬でクエを見つけたのに，なぜ興味をもたなかったのか
・クエを「ひとみは黒いしんじゅのようだった。…」と表したのはなぜか
・父が亡くなったり，与吉じいさが亡くなったりしているのに，悲しい

③次時の〈問い〉を交流する

C1：今日の〈問い〉は，価値のある〈問い〉だと思ったんですけど，答え
　　を出すには，もう少し，他の〈問い〉をやる必要があると思いました。
　　太一が瀬の主を倒さなかった理由に，瀬の主をお父さんにしてるなぞ
　　とか，海の命ってなにとか，なんで誰にも言わないのかとか，いろい
　　ろつながっていて，時間がたりませんでした。

C2：他の〈問い〉をやれば，この〈問い〉の答えも出ていると思います。

C3：私は，「なぜ太一は巨大なクエを見つけても，もりを打たなかったこ
　　とを生涯誰にも話さなかったのか」がいいと思います。これで瀬の主
　　を獲らなかった理由が分かると思います。

C4：C4に反対で，「なぜ話さなかったのか」はさっき話し合ったんだけ
　　ど，太一がビビって瀬の主に挑まなかったから，みんなに言わなかっ
　　たぐらいの答えにしかならなかったです。ぼくはそれより，「海の命
　　とは何か」がいいと思います。結局，海の命って題名にもなってるし，
　　これが何か分かれば全部はっきりすると思います。

C5：質問で，「海の命とは何か」って，文章から答え出るんですか？

C6：出ると思います。海の命っていう言葉に，与吉じいさの「千びきに一
　　ぴきでいい」とかもかかわっていると思う。太一たちも海の命の一部
　　みたいな感じだから，与吉じいさも「海に帰った」になるし，瀬の主
　　もお父さんになる。

C7：私もちゃんと答えが出ると思うし，みんなで結構いろんな意見が出せ
　　ると思います。C1は今日の〈問い〉がよかったって言ってたけど，
　　私は，「海の命とは何か」がこの作品を読むために一番大事な〈問い〉
　　だと思っています。

■ 授業の実際（第二次第5時）

> 〈問い〉 太一は，瀬の主を打たなかったことを，なぜ誰にも言わなか
> ったのか

① 〈問い〉に対する答えを交流する

C1：海の命が，海にかかわってる生き物の象徴って話し合ったでしょ。そ
　　れから言えば，そういう話って太一は，自分の子どもに伝えなくって
　　いいのかなって思うんだけど。

C2：象徴って，与吉じいさとかお父さんとかそういうつながり的なものを
　　表してる感じだよね。C1の意見も分かるけど，それは自分の胸にし
　　まっておこうみたいな感じがあるんじゃない。

C3：象徴がまだよく分かんないんだけど，全ての生き物は自然にかえって
　　つながってるっていうのは，太一は瀬の主に会って感じたってことで
　　しょ。与吉じいさの「千びきに一ぴき」とはまた違う感じしない？

C4：与吉じいさのやつは，漁の仕方っていうか，海との付き合い方みたい
　　な感じでしょ。社会の水産業でやったみたいな。太一の海の命は，瀬
　　の主みたいな生き物を象徴するようなやつに会わないと分からないこ
　　となんじゃないの。

C1：だから，それは，子どもに伝えた方がいいでしょって。

C4：いや，自分はお父さんの敵討ち的なとこがあるけど，自分の子どもに
　　は瀬の主にかかわってほしくないんじゃないの。

C3：分かる。やっぱり，瀬の主にちょっと恐怖みたいなものを感じたんで
　　しょ。だって海の命だよ。自分もその一部でしょ。ちょっと神的な感
　　じじゃん。

C2：太一が瀬の主を打たなかった理由って，海の命って思える自分を超え
　　る神的な感じに出会ってしまったのもあるよね。

②次時の〈問い〉を考える

> ・父と太一の幻の魚を見つけた時の感想とその後の覚悟の違いは何か
> ・クエを「ひとみは黒いしんじゅのようだった。…」と表したのはなぜか
> ・なぜ最後に太一の結婚の話が入っているのか
> ・父が亡くなったり，与吉じいさが亡くなったりしているのに，悲しいストーリーになっていないのはなぜか
> ・なぜ太一は何も聞こえない場所で，壮大な音楽を聞いているような気分になったのか
> ・村一番の漁師とは，どんな漁師なのか

③次時の〈問い〉を交流する

C1：この作品の読みどころを考えると，瀬の主に出会った太一のこととか，海の命っていう言葉とかは絶対そうで，残ったものって，与吉じいさとお父さんのことだと思います。

C2：C1に賛成で，太一の海の命のことの時に思ったんですけど，与吉じいさとちょっとちがう感じがして，太一のお父さんはもっとちがう感じがするんですけど，3人とも「村一番の漁師」ってなってるので村一番の漁師とはっていう〈問い〉はいいと思います。

C3：私は，悲しいストーリーになってないのはなぜかが，面白そうだと思いました。この話の読みどころは，やっぱり海の命っていう自然といっしょに生きるみたいなことだと思うから，この〈問い〉をやると，よくある復讐の話とちがうんだよっていうのが話し合えると思います。

C4：C1・C2に賛成です。悲しいストーリーになってないっていうのは，なるほどって思ったんですけど，C3の説明が分かりやすすぎて，もう答えそれしかない気がするので，話し合う必要がない気がします。

■ 授業の実際（第三次第7時）

> **学習課題** 価値ある〈問い〉を使って，物語の読みどころをまとめよう

①課題を確認する

本時の学習課題は，2つあります。価値ある〈問い〉を決めること，物語の読みどころを見つけることです。この2つは，物語全体を自分なりに意味付けられている読み手にとっては，同じことを指します。しかし，多くの子どもにとって，2つはつながっていません。〈問い〉が必ずしも，解釈と連動していないことは本書で述べてきたところです。

そこで，授業の導入では，まず，単元の課題である「海の命」を読む上で価値ある〈問い〉はどんなものかを考えていきます。候補として1人1つ挙げるよう第二次の中で用意してきています。

そこでは，授業において〈問い〉として扱ったものが多く挙げられ，最も多くの子どもが選んだのは，第4時の「海の命とは何か」でした。第4時は，子ども達が象徴という考え方を共有し，具体と抽象を行き来するような話し合いがなされた授業でした。これまでとは違う感覚が，多くの子どもの印象に残ったと言えます。授業で扱わなかった〈問い〉も挙げられました。

・父を破った魚を見た時，太一はどんな気持ちになったのか
・父と太一の幻の魚を見つけた時の感想とその後の覚悟の違いは何か
・なぜ最後に太一の結婚の話が入っているのか
・太一の子どもはどんな漁師になるのか
・父が亡くなったり，与吉じいさが亡くなったりしているのに，悲しいストーリーになっていないのはなぜか
・なぜ太一は何も聞こえない場所で，壮大な音楽を聞いているような気分になったのか

> ・太一と与吉じいさと太一の父の漁の違いは何か

　これらの〈問い〉も含めて，〈問い〉づくりの前提条件イを重視して検討することを確認しています。実践の学級における〈問い〉づくりの条件は，学級オリジナルも加わり，10の条件になっていました。子ども達にとって，どの条件を重視するのかで，価値ある〈問い〉は変わります。また，価値ある〈問い〉は決して1つではないこと，読み手によって，誰と一緒に読むのかによって，変わるものだということを伝えています。

　ここでは，〈問い〉から得られる答えが前提条件イに当てはまるかどうかを考えること，自分の考える「海の命」の読みどころに合った〈問い〉を選びまとめていくことが確認されました。

② 「海の命」の読みどころについて交流する

C1：やっぱり太一が，瀬の主を打たないところがこのお話のみそでしょ。それが，海の命と思えたとか，与吉じいさの教えの意味が分かったとか，そういう話につながるでしょ。

C2：そうかもね。結局授業でやったのも，全部つながってた気がするしね。

C3：でも，そしたら「海の命とは」が一番分かりやすいよね。海の命っていう題名もそうだし，海にかかわる生き物全部のつながり的な話もおもしろかったよね。

C4：私も，あの時の話し合いが一番おもしろかった。最初，魚の命のことだと思ってたけど，みんなの話を聞いて象徴の意味もなんとなく分かって，自然にかえっていく与吉じいさの話で，なるほどと思った。

C1：今回は，話し合いが盛り上がらなくても読みどころにあった〈問い〉ならいいんでしょ。

C2：そうだよ。まあ，結局盛り上がった時のやつは，読みどころっぽいところを話し合ってたから盛り上がってたんだと思うけどね。

【第2章・第3章の引用・参考文献】

＊1 松本修（2012）「言語活動をどうとらえ，どう組織するか」『Groupe Bricolage 紀要』No.30, pp.11-14

＊2 長崎伸二（2000）「初発の感想文を生かした説明的文章のシンプル化の授業」『国語科教育研究　第98回大会研究発表要旨集』全国大学国語教育学会, pp.34-37

＊3 山元隆春（2014）『読者反応を核とした「読解力」育成の足場づくり』渓水社, pp.67-68

＊4 西田太郎（2016）「文学作品の読みにおける学習者の〈問い〉に関する考察」『臨床教科教育学会誌』第16巻第1号, p.58

＊5 文部科学省（2017）『小学校学習指導要領（平成29年告示）解説　国語編』, p.4

＊6 西田太郎（2018b）「文学テクストの読みにおいて学習者が提出する価値ある〈問い〉の要件に関する考察」『国語科学習デザイン』第2巻第1号, pp.20-30

＊7 田近洵一（2013）『創造の〈読み〉新論―文学の〈読み〉の再生を求めて』東洋館出版社, p.141

＊8 文部科学省（2008）『小学校学習指導要項解説　国語編』p.40

＊9 西田太郎（2018c）「読みの交流におけるテクストの文脈の明示化に関する検討」『臨床教科教育学会誌』第18巻第1号, p.38

＊10 ＊6に同じ, pp.25-26

＊11 鈴木綾花（2018）「5年　注文の多い料理店」『その問いは，物語の授業をデザインする』（松本修・西田太郎編著）学校図書, p.90

＊12 五十嵐啓滋（2018）「4年　白いぼうし」＊11に同じ, p.70

＊13 Wolfgang Iser　轡田収訳（1982）『行為としての読書―美的作用の理論―』（原著1976）岩波書店, p.291

＊14 鍛治哲郎（1996）「「空白箇所」の機能変換」『文学の方法』（川本皓嗣・小林康夫編）東京大学出版会, p.160

＊15 西田太郎（2019）「学習者に獲得される「空所」概念の検討と実践化」『国語科学習デザイン』第2巻第2号, pp.76-86

＊16 石黒圭（2008）『日本語の文章理解過程における予測の型と機能』ひつじ書房

＊17 桃原千英子（2018）「空所に着目した教材分析」＊11に同じ, p.141

＊18 橋本祐樹（2018）「5年　大造じいさんとがん」＊11に同じ, p.104.

＊19 ＊12に同じ, p.69

＊20 上月康弘（2018）「3年　モチモチの木」＊11に同じ, p.49

＊21 府川源一郎（2000）『「ごんぎつね」をめぐる謎』教育出版, pp.156-157

＊22 西川太郎（2018a）「6年　海の命」＊11に同じ, p.119

おわりに

　教室での学習者の姿は，読みの学習を自分たちの〈問い〉によって進め，新たな〈問い〉に向かって考えることの大切さを物語っています。〈問い〉づくりは，学習者の主体的な言語活動であり，問いながら読む読み手を育成するものです。〈問い〉づくりは，1章に述べられているような読みの交流にかかわる理論を根底にしているからこそ，発達段階や教材に応じた読みの力の育成に寄与することができます。そして，〈問い〉づくりが，読みの学習として充実するためには，学習者の〈問い〉を生かした読解方略の修得，読みの観点や学習用語の定着が求められます。それは，緻密な教材研究・意図的な指導計画によって支えられていることは，言うまでもありません。

　本書の1章をご執筆いただいた松本修教授は，私に国語科教育研究の道を示してくださった師であります。師との共著は，私の大切な一冊となりました。不肖な弟子の願いを，叶えてくださった松本先生に感謝申し上げます。

　本書が提案する〈問い〉づくりについては，全国大学国語教育学会大会自由研究発表において貴重なご意見をいただきました。また，実践の中には，日本国語教育学会小学校部会においてご指導・ご助言いただいたことも生かされております。学会員の皆様に感謝を申し上げます。

　本書の企画・編集にあたり多大なるご尽力をいただいた明治図書教育書編集部の大江文武さんに，感謝を申し上げます。大江さんという見事な監督がいなければ，本書は未だ完成を見なかったことでしょう。

　最後に，私に〈問い〉を追究する姿を見せ，〈問い〉づくりという言語活動の可能性を示してくれた品川区立台場小学校の児童・卒業生に感謝を申し上げます。本書の実践は，出会った子ども達が創り出してくれたものです。子ども達の未来が幸せで溢れる日々であることを，切に願います。

2020年1月

西田太郎

【著者紹介】

松本 修（まつもと　おさむ）

玉川大学教職大学院教授。

栃木県宇都宮市生まれ。筑波大学人間学類を卒業後，栃木県立高等学校国語科教諭として13年あまり勤務。かたわら、宇都宮大学大学院修士課程，筑波大学大学院教育学研究科研究生として学ぶ。上越教育大学国語コース，学習臨床コース，教職大学院を経て現職。著書に，『読みの交流と言語活動　国語科学習デザインと実践』（2015，玉川大学出版部）『教科力シリーズ小学校国語』（2015，編著，玉川大学出版部）『その問いは，物語の授業をデザインする』（2018，編著，学校図書）など。
＊第1章

西田 太郎（にしだ　たろう）

東京福祉大学短期大学講師。

広島県呉市生まれ。東京学芸大学教育学部を卒業後，公立小学校（東京都）に15年あまり勤務し，現職へ。その間に玉川大学教職大学院を修了し，現在，日本体育大学大学院教育学研究科博士後期課程で研鑽を積んでいる。国語科学習デザイン学会理事。玉川国語教育研究会代表。
＊第2章，第3章

国語教育選書

小学校国語科　〈問い〉づくりと読みの交流の学習デザイン
物語を主体的に読む力を育てる理論と実践

2020年2月初版第1刷刊 ©著者	松　本　　　修	
	西　田　太　郎	
発行者	藤　原　光　政	

発行所 明治図書出版株式会社
http://www.meijitosho.co.jp
（企画・校正）大江文武

〒114-0023　東京都北区滝野川7-46-1
振替00160-5-151318　電話03（5907）6702
ご注文窓口　電話03（5907）6668

＊検印省略　　　　　組版所 広 研 印 刷 株 式 会 社

Printed in Japan ISBN978-4-18-313544-5
もれなくクーポンがもらえる！読者アンケートはこちらから